Jonas Kozinowski

Mein Fußballbuch

KOSMOS

Impressum

Alle Farbillustrationen von Stephan Lohr.

Abkürzungen: l. = links, r. = rechts, o. = oben, u. = unten, m. = mitte

Farbfotos:
dpa: S. 7, 12 l., 13 r., 72, 88, 90 o., 103, 105 o.; dpa-Bildarchiv: S. 50; dpa-Bildfunk: S. 32 u.l., 33 u.r., 36 o.r.; dpa-Fotoreport: S. 53; dpa-Report: S. 12 r., 13 l., 15, 17 o., 20, 23, 26 o., 26 u.l., 26 u.r., 27 u.l., 30, 36 o.l., 44 o., 44 u., 45, 47 u., 51 u., 52, 54 o., 55, 58 u., 59, 60 u., 61, 62, 79, 89, 93, 98 o., 106 o., 106 u., 108 o.; dpa-Sport-report: S. 16, 64, 65, 67, 73, 78, 96 o., 112, 113, 119 o., 119 u., 121; Christine Gstöttner, nullzeit.at: S. 120; picture-alliance/abaca: S. 117; picture-alliance/akg: S. 34, 110; picture-alliance/Alfred Harder: S. 83; picture-alliance/AND: S. 66; picture-alliance/ASA: S. 21, 27 u.r., 32 u.r., 33 m., 39 m., 54 u., 56, 57, 63, 87, 102; picture-alliance/Augenklick: 76 o., 99; picture-alliance/Augenklick/Pressefoto Baumann: S. 84; picture-alliance/Defodi: S. 76 u., 90 u.; picture-alliance/DPPI: S. 116; picture-alliance/empics: S. 82; picture-alliance/Keystone: S. 11; picture-alliance/Natascha Haupt: S. 24; picture-alliance/Newscom: S. 75, 108 u.; picture-alliance/Norbert Schmidt: S. 8, 17 u.; picture-alliance/Peter Schatz: S. 58 o.; picture-Alliance/Pressefoto ULMER: S. 2/3 (Aufmacher) 5, 19 u., 29, 33 o., 49, 69, 70, 94, 96 u., 105 u., 118; picture-alliance/Pressefoto ULMER/Alberto Luigria: S. 71; picture-alliance/Reinhard Kungel: S. 60 o.; picture-alliance/Rolf Kosecki: S. 74; picture-alliance/Schreyer Fotoagentur: S. 41; picture-alliance/Sven Simon: S. 18, 19 o., 22, 42, 51 o., 68, 91, 98 u.

Umschlaggestaltung von eStudio Calamar, Pau, unter Verwendung von 2 Farbfotos:
Fußball: Fotolia.com/Dusty Cline, Michael Ballack: picture-alliance/Pressefoto ULMER/Lukas Coch

Unser gesamtes lieferbares Programm und viele weitere Informationen zu unseren Büchern, Spielen, Experimentierkästen, DVDs, Autoren und Aktivitäten finden Sie unter **www.kosmos.de**

Mix
Produktgruppe aus vorbildlich bewirtschafteten Wäldern und anderen kontrollierten Herkünften
www.fsc.org Zert.-Nr. CQ-COC-000012
© 1996 Forest Stewardship Council

FSC

© 2010, Franckh-Kosmos Verlags-GmbH & Co. KG, Stuttgart
Alle Rechte vorbehalten
ISBN 978-3-440-12325-6
Lektorat: Ina Lutterbüse
Produktion: Angela List
Layout: Walter Typografie & Grafik GmbH
Printed in Italy/Imprimé en Italie

Inhalt

Einleitung

Hallo Fußballfans!

Ihr seid doch alle begeistert von Fußball, oder? Kein
Wunder, Fußball ist schließlich die beliebteste
Sportart in Deutschland. Jedes Wochenende
pilgern Tausende Fans in die Stadien der
Profimannschaften, Millionen sitzen vor den
Fernsehern, um sich die Spiele anzuschauen.
Und auch als Freizeitsportart ist Fußball die Nummer eins: Keine andere
Sportart wird von so vielen Menschen gespielt – von Jungen und Älteren,
von Frauen und Männern.

Die Stimmung im Stadion ist unvergleichlich. Live dabei zu sein macht Spaß!

Fußballer sind manchmal zum Greifen nah – wie hier Lukas Podolski bei einer Autogrammstunde.

Fußball

Turnen

Fitness

Tennis

Sportschießen

Die fünf beliebtesten Sportarten in Deutschland

Wenn du auf Menschen triffst, die du zum ersten Mal kennenlernst, wirst du merken: Fußball ist ein tolles Thema, um ins Gespräch zu kommen. Fast immer kann man sich über den letzten Bundesligaspieltag unterhalten, fast jeder hat eine Lieblingsmannschaft oder ist Fan von einem besonderen Spieler. Das liegt vor allem daran, dass Fußball ständig in den Medien ein Thema ist. An jedem Tag in der Woche kannst du Fußball im Fernsehen sehen, jede Zeitung berichtet täglich darüber, im Radio gibt es Liveübertragungen und das Internet ist sowieso voll von Fußball-Homepages. Und die Fußballer und Fußballerinnen sieht man nicht nur auf dem Rasen. Sie machen Werbung für Joghurt oder Versicherungen und sind Gäste in Fernsehshows. Eines ist also klar: Fußball ist die beliebteste Sportart in Deutschland und ständig in aller Munde.

Wer Profi werden will, muss früh mit dem Training beginnen.

Warum das so ist, ist allerdings nicht so leicht zu beantworten. Sicher ist, Formen von Fußball gibt es schon seit Tausenden Jahren und gerade in Europa und auch in Deutschland hat diese Sportart eine lange Tradition. In diesem Buch findest du die Geschichte des Fußballs. Du wirst aber auch viel über den modernen Fußball und neue Trends entdecken. Bestimmt hast du Lieblingsspieler und einen Lieblingsverein. Dein Fußballbuch stellt dir die besten Spieler aller Zeiten und die größten Stadien der Welt vor. In den **„*Schon gewusst?*"**-Kästen erfährst du spannende und außergewöhnliche Fakten.

 Aber natürlich kannst du nicht nur etwas über deine Lieblingssportart lesen, du sollst auch selbst aktiv werden. In den *„Mach mit"*-Kästen findest du Ideen, wie du selbst ein besserer Fußballer oder eine bessere Fußballerin werden kannst. Vielleicht probierst du die Tipps ja mal mit deinen Freunden oder Geschwistern aus. Denn die finden Fußball doch ganz bestimmt auch so spannend.

Es gibt viele Gründe, warum Fußball so beliebt ist. Wie ist das bei dir – warum magst du Fußball so gerne? Schreib es hier auf:

_____

_____

_____

_____

_____

_____

_____

_____

_____

Fußball = 1 Ball + 2 Tore

Fußball kannst du fast überall spielen: auf dem Schulhof, im Park oder am Strand. Du brauchst einen Ball und Tore. Wenn keine echten da sind, kannst du die Tore auch einfach mit Jacken oder Taschen begrenzen. Fertig ist dein eigenes Spielfeld.

Wenn es um ein offizielles Spiel geht, ist das natürlich nicht so einfach. Das Spielfeld muss rechteckig und klar begrenzt sein. Außerdem müssen mit Linien die Strafräume, die Fünfmeterräume, die Mitte, der Anstoß-kreis, der Elfmeterpunkt und die Ecken markiert sein. Und dann braucht man natürlich noch richtige Tore.

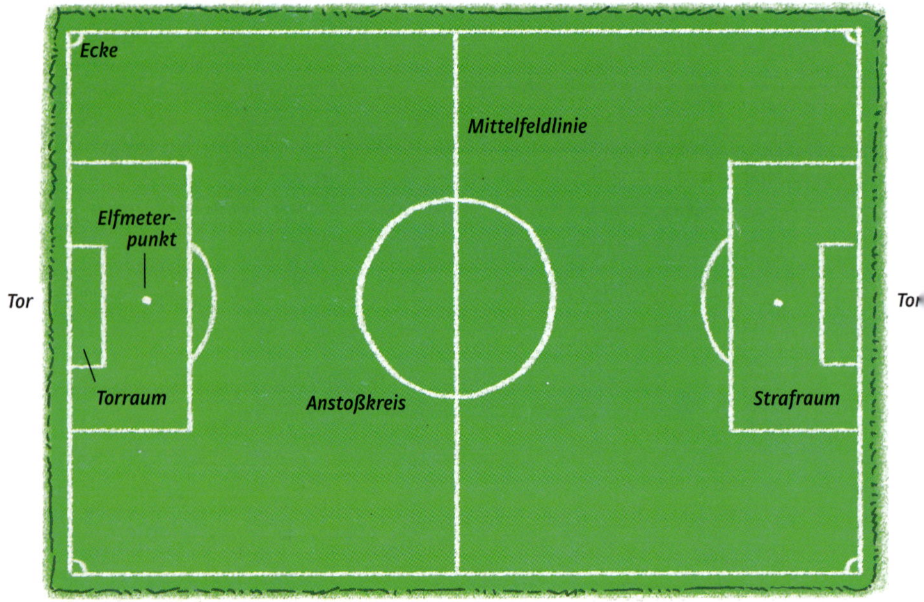

Ecke

Mittelfeldlinie

Elfmeter-punkt

Tor

Torraum

Anstoßkreis

Strafraum

Tor

Ein Spielfeld ist 45 bis 90 m breit und 90 bis 120 m lang.

Die Tore sind bei Kindermannschaften noch etwas kleiner als bei Spielen von Jugendlichen und bei den Erwachsenen. Früher bestanden sie aus Holz, heute sind Pfosten und Latte meist aus einem speziellen Aluminium. Dahinein wird das Netz gehängt. Es muss gut befestigt sein, damit Bälle, die ins Tor geschossen werden, nicht hinten wieder rausfliegen.

Ein Tor ist 7,32 m breit und 2,44 m hoch.

Ein Spielfeld kann aus unterschiedlichen Untergründen bestehen. Am besten lässt sich auf Rasen spielen, in der Bundesliga sind natürlich alle Stadien mit Rasenplätzen ausgestattet. Es gibt aber auch Fußballfelder aus brauner oder grauer Asche. Die sind viel leichter zu pflegen als Rasen. So können vor allem kleinere Vereine leicht Geld sparen. In den letzten Jahren gibt es auch immer mehr Kunstrasenplätze. Sie bestehen aus Gummigrashalmen, Sand und Granulat. Solche Plätze zu bauen ist ziemlich teuer, aber man kann sie leichter in Stand halten als Rasenplätze. Schließlich müssen Gummihalme nicht gemäht oder bewässert werden. Und Spielen macht auf einem Kunstrasenplatz auf jeden Fall mehr Spaß als auf Asche.

Mach mit!

Bastel dir mit deinen Freunden mobile Tore, die ihr überallhin mitnehmen könnt. Ihr könnt z. B. Sand in große Getränkekartons füllen. Dann könnt ihr immer und überall ein kleines Spielfeld aufbauen.

Der Stadionrasen wird mit speziellen Rasenmähern gemäht.

Sturm, Mittelfeld, Verteidigung und Torwart

Was fällt euch auf, wenn ihr euren kleinen Geschwistern beim Fußballspielen zuschaut? Oder wenn ihr euch an euer erstes Fußballspiel erinnert? Ganz bestimmt sind da erst einmal alle Spieler dem Ball hinterhergelaufen und es gab ein großes Spielerknäuel. Klar, jeder Spieler und jede Spielerin will sofort den Ball haben. Aber wenn ihr als Mannschaft zusammenspielen und auch viele Tore schießen möchtet, dann

Der Trainer erklärt an einer Tafel den Spielern, wie sie zusammen spielen müssen und wo jeder Einzelne steht.

Manuel Neuer
... ist Torwart bei Schalke 04 und hat noch nie für einen anderen Verein gespielt.

Philipp Lahm
... spielt in der Abwehr meistens auf einer Außenposition, hat aber auch schon für den FC Bayern und die Nationalmannschaft Tore geschossen.

müsst ihr euch klug aufteilen. Denn wenn alle Spieler immer einfach um den Ball herumlaufen, wird es ganz schön schwierig, ein Tor zu schießen.

In einer Fußballmannschaft gibt es viele Spezialisten, die verschiedene Dinge besonders gut können. Es gibt die, die besonders gut schießen können und deshalb im Sturm spielen. Und die, die jeden Zweikampf gewinnen oder besonders gut köpfen können und deshalb Verteidiger sind. Wer ein besonders gutes Spielverständnis hat, spielt meistens im Mittelfeld. Und dann gibt es natürlich den Torwart, der besonders schnelle Reaktionen haben muss. In diese vier Gruppen (Torwart, Verteidigung, Mittelfeld, Sturm) ist jede Fußballmannschaft eingeteilt. In jeder Gruppe gibt es noch weitere Unterteilungen, wie z. B. Außenstürmer oder zentraler Mittelfeldspieler. Alle Positionen sind grundsätzlich gleich wichtig, denn im Fußball hat man nur dann Erfolg, wenn die ganze Mannschaft gut spielt. Auf welcher Position man am besten spielt, kann man erst durch Ausprobieren im Training und im Spiel herausfinden. Weißt du schon, welche deine Lieblingsposition ist?

Michael Ballack
... sollte beim 1. FC Kaiserslautern eigentlich Abwehrspieler werden, hat sich dann aber durch viele Tore für das Mittelfeld empfohlen.

Mario Gomez
Der Münchner Stürmer hätte auch für Spanien Tore schießen können, hat sich aber für die deutsche Nationalmannschaft entschieden.

Elf Freunde müsst ihr sein

Nicht jedes Fußballspiel wird von der Mannschaft gewonnen, die die besten Spieler hat. Immer wieder kommt es vor, dass kleinere Vereine gegen größere gewinnen – zum Beispiel der FC St. Pauli gegen Bayern München. Dabei ist eigentlich klar, dass bei Bayern die besseren Spieler auf dem Platz stehen. Aber Fußball ist eine Mannschaftssportart, es kommt nicht nur auf die Stärken der einzelnen Spieler an, sondern vor allem darauf, wie sie gemeinsam spielen.

Mach mit!

Geht mit eurer Mannschaft doch mal zusammen ins Stadion zu einem Bundesligaspiel. Das macht Spaß und stärkt eure Gemeinschaft.

In Jugendmannschaften kannst du meistens mit deinen Freunden zusammenspielen oder im Verein neue Freunde finden. Aber es gibt auch Momente, da werden im Fußball Freunde getrennt. Wenn ihr unterschiedlich alt seid, kann es vorkommen, dass ihr nicht in einer Mannschaft spielen dürft. Die Spiele wären ja unfair, wenn eine Mannschaft, in der alle sieben oder acht Jahre alt sind, gegen eine Mannschaft aus Zwölfjährigen spielen müsste. Deshalb gibt es die Unterteilung in A-Jugend (die ältesten), B-, C-, D-, E- und F-Jugend und die ganz Kleinen (meistens Bambinis oder G-Jugend genannt). Aber auch Mädchen und Jungs dürfen nicht immer zusammenspielen. Spätestens ab der C-Jugend, also ab ca. zwölf Jahren, gibt es getrennte Mädchen- und Jungenmannschaften.

In der Bundesliga können sich die Spieler noch weniger aussuchen, mit wem sie zusammenspielen. Die Vereine stellen die Spieler ein, die sie gerne in ihren Mannschaften haben möchten. Ein Spieler kann nicht frei den Verein wechseln. Die Vereine müssen sich auch über diesen Wechsel einig sein. Wenn das so ist, wird z. B. häufig eine Ablösesumme gezahlt. Das bedeutet häufig, dass es für die Trainer schwierig ist, aus den Einzelspielern, die sich nicht kennen, eine Gemeinschaft zu formen.

Auch beim BVB Dortmund kann man sich seine Mitspieler nicht aussuchen. Es ist wichtig, teamfähig zu sein!

Mario Gomez	30 Mio	zu Bayern München
Marcio Amoroso	25 Mio	zu Borussia Dortmund
Franck Ribéry	25 Mio	zu Bayern München
Roy Makaay	18 Mio	zu Bayern München
Tomás Rosicky	14,5 Mio	zu Borussia Dortmund

Die teuersten Spielereinkäufe der Bundesliga

Ein Spiel dauert länger als 90 Minuten ...

Das Wichtigste für jeden Fußballer und jede Fußballerin ist natürlich das Fußballspiel – egal ob für Kinder oder für Profis. Aber natürlich können Fußballmannschaften nicht nur und die ganze Zeit Spiele bestreiten. Ein regelmäßiges Training ist wichtig, damit sich die Mannschaft verbessern kann.

Schon gewusst?

Viele Vereine bieten ihren Spielern auch Medientraining an. Es ist nämlich gar nicht so einfach, ständig auf die Fragen der vielen Reporter und Kamerateams die richtigen Antworten zu finden.

Wenn du in einer Jugendmannschaft spielst, hast du bestimmt samstags oder sonntags ein Spiel und vielleicht zweimal in der Woche Training. In der Bundesliga sind alle Spieler Profis. Fußballspielen ist ihr Beruf. Deshalb haben sie nicht zweimal in der Woche, sondern meistens zweimal am Tag Training. Fußballprofis müssen auch viel mehr Spiele bestreiten als du. Neben der Bundesliga kommen Testspiele, der DFB-Pokal, internationale Wettbewerbe (z. B. die Champions League) oder Länderspiele dazu.

Nach deinen Trainingseinheiten gehst du wahrscheinlich nach Hause oder triffst dich mit deinen Freunden. Fußballprofis haben neben dem Training noch viele andere Termine. Sie müssen Autogramm-

Wenn du dich mit deinen Mitspielern zusammen aufwärmst, zeigt ihr dem Gegner, dass ihr eine starke Einheit seid.

*Der DFB hat für jede Altersklasse eine National-
mannschaft – hier die U21 beim Training.*

stunden geben und an Mannschafts-
sitzungen teilnehmen, auf denen z. B.
die Taktik besprochen wird. Häufig
fahren Bundesligamannschaften
auch in Trainingslager. Dann sind sie
eine oder zwei Wochen zusammen
an einem entfernten Ort, um sich
ganz konzentriert auf die anstehen-
den Spiele vorzubereiten.

Schon gewusst?

Fußballprofis müssen sich noch über
viel mehr Dinge Gedanken machen,
als über ihre Spielposition oder wie
sie ihr Kopfballspiel verbessern können. Für sie ist z. B. eine gute Ernäh-
rung besonders wichtig. Schließlich
müssen sie immer topfit sein.
Deshalb haben viele Bundesligamannschaften einen speziellen Koch
eingestellt.

*Die Mannschaftsbusse der Bundesligamannschaf-
ten sind luxuriös ausgestattet. So kommen die
Spieler ausgeruht am Spielort an.*

Jedes Spiel braucht Regeln

Verteidiger, Trainer, Torhüter – sie alle haben schwierige Aufgaben während eines Fußballspiels. Sehr schwer hat es aber vor allem der Schiedsrichter oder die Schiedsrichterin. Sie müssen immer auf der Höhe des Geschehens und konzentriert sein und sehr viele schwierige Entscheidungen treffen. Selten machen es Schiedsrichter allen recht. Ständig regt sich jemand über die Entscheidungen auf: die Trainerin der einen Mannschaft, der Kapitän der anderen oder die Fans. Trotzdem oder gerade deswegen ist es spannend und herausfordernd, den Job des Schiedsrichters zu übernehmen. Und – irgendwer muss die Pfeife ja in die Hand nehmen. Sonst würde kein Spiel friedlich und ohne Probleme über die Bühne gehen.

Fahne der Schiedsrichterassistenten

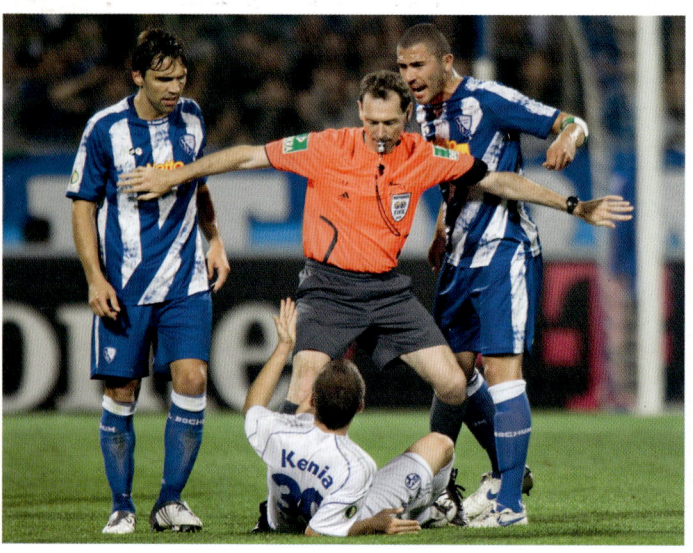

Eigentlich soll der Schiedsrichter keine Spieler anfassen. Aber manchmal muss er streng eingreifen, um Schlimmeres zu verhindern.

Werder Bremen gegen Schalke. Die Schiedsrichter führen die Mannschaft auf den Platz.

Um Schiedsrichter werden zu können, musst du zuerst einen Lehrgang absolvieren. Wenn du regelmäßig Fußballspiele anschaust und selbst spielst, hast du bestimmt das Gefühl, alle Regeln schon zu kennen. Aber du wirst erstaunt sein, was es alles für spezielle Regeln und Ausnahmefälle gibt. Weißt du z. B., dass ein eingewechselter Spieler nicht sofort einen Einwurf machen darf? Oder dass ein Spieler die Gelbe Karte bekommt, wenn er sein Trikot höher als bis zum Kinn zieht?

Auch wenn es heiß hergeht: Schiedsrichter und Spieler sollten immer freundlich zueinander sein.

Mach mit!

Von der Tribüne eines Stadions und vor allem vor dem Fernseher sehen viele Entscheidungen ganz klar und eindeutig aus. Aber übernimm du mal die Rolle des Schiedsrichters, wenn du mit deinen Freunden spielen gehst. Du wirst sehen, von hier unten inmitten der Spieler ist es gar nicht so einfach, alles richtig zu beurteilen.

Aber Schiedsrichter müssen auch lange, schnell und geschickt laufen können. Fast elf Kilometer legt ein Schiedsrichter während eines Bundesligaspiels zurück. Und dabei müssen Schiedsrichter immer aufpassen, nah am Geschehen zu sein und den Spielern trotzdem nicht im Weg zu stehen.

Früher hatte der Schiedsrichter immer ein schwarzes Trikot. Mittlerweile gibt es auch farbige Schiedsrichtertrikots.

Mit Stift und Karten notiert sich der Schiedsrichter z. B. alle Einwechslungen.

Der Schiedsrichterassistent zeigt mit der Fahne an, dass ausgewechselt werden soll. Der vierte Offizielle hält eine Tafel mit den Nummern der Spieler hoch.

Auch immer mehr Mädchen nehmen die besondere Herausforderung als Schiedsrichter an.

Bei Jugendspielen und in unteren Ligen der Erwachsenen sind Schiedsrichter auf sich allein gestellt. Sie müssen ganz alleine Abseits pfeifen, Fouls bewerten und Einwechslungen notieren. In höheren Klassen wird die Unterstützung immer größer. Dort sind die Schiedsrichter zuerst zu dritt – zwei Assistenten achten jetzt auf Einwürfe, Abseits und Einwechslungen. In den beiden ersten Ligen gibt es sogar den vierten Offiziellen. Er kümmert sich um die Auswechselbänke und Trainer und unterstützt das Schiedsrichtergespann von außen. Auch immer mehr Technik hilft den Schiedsrichtern. Zunächst gab es technische Fahnen, mit denen die Assistenten dem Schiedsrichter ein akustisches Signal geben konnten, wenn sie etwas gesehen hatten. Mittlerweile sind die Schiedsrichter über Mikrofon und Kopfhörer miteinander verbunden, um sich absprechen zu können. Aber all die Hilfsmittel verhindern nicht, dass Schiedsrichter manchmal Fehlentscheidungen treffen. Genauso, wie Stürmer manchmal über das Tor schießen.

Über Kopfhörer und Mikrofon kann der Schiedsrichter während des Spiels mit seinen Assistenten reden.

21

Rot, Gelb oder Gelb-Rot

Das Spiel Chile gegen Italien bei der WM 1962 war für Schiedsrichter Ken Aston ein furchtbares Spiel. Die Spieler waren äußerst aggressiv und Aston musste zwei Italiener vom Platz stellen. Aber auch das half nicht, das Spiel zu beruhigen. Chilenen und Italiener schlugen und traten sich. Schiedsrichter Aston war traurig und nachdenklich, weil er sich nicht durchsetzen konnte. Auch dass er die beiden Spieler vom Platz gestellt hatte, war den anderen keine Warnung.

Also überlegte er, wie die Entscheidungen des Schiedsrichters besser und stärker vermittelt werden könnten. Als er später mit seinem Auto an einer Ampel anhalten musste, kam ihm die Idee: Es sollten gelbe und rote Karten eingesetzt werden. Gelb würde bedeuten „Das ist eine Warnung, spiel vorsichtiger". Und die Rote Karte sollte „Du darfst nicht mehr weiterspielen" heißen. Genau wie gelbe und rote Phasen bei einer Ampel.

Sogar Spieler auf der Bank können eine Rote Karte bekommen.

Schon gewusst?

Auch für das Reden mit dem Schiedsrichter kannst du eine Gelbe oder Rote Karte bekommen. Wenn du ihn ganz ruhig und freundlich bittest, dir zu erklären, was er gerade gepfiffen hat, wird dir ein guter Schiedsrichter keine Karte zeigen. Aber wenn du meckerst, bekommst du Gelb. Und rutscht dir eine Beleidigung raus, gibt es sogar Rot.

⚽ Seitdem haben sich die Gelbe und Rote Karte bewährt. Zuschauer, Trainer und Reporter wissen nun sofort, was der Schiedsrichter für eine Entscheidung getroffen hat. Und die anderen Spieler merken, dass der Unparteiische durchgreift und wissen, was sie sich erlauben können und was nicht.

Das ist falsch: Wenn der Schiedsrichter zwei Spielern die Gelbe Karte zeigen muss, darf er das nur nacheinander mit der selben Karte machen.

⚽ Verwarnungen (also Gelbe Karten) und Platzverweise (also Rote und Gelb-Rote Karten) gibt es für unterschiedliche Vergehen. Wenn ein Spieler einen anderen am Trikot festhält, gibt es Gelb. Bei einem Tritt oder einem Schlag muss der Schiedsrichter Rot zeigen. Es kommt aber nicht nur auf das Vergehen an, auch der Ort ist z. B. entscheidend. Für ein Handspiel im Mittelfeld bekommen Spieler „nur" die Gelbe Karte.

Verhindert ein Feldspieler ein Tor, indem er den Ball mit der Hand aufhält, bekommt er die Rote Karte.

„Das gibt Freistoß!"

Macht ein Spieler etwas, was er nicht darf, gibt es einen Freistoß für die andere Mannschaft. Wenn du dir Fußballspiele ganz genau anguckst, wird dir bei den Freistößen etwas aufgefallen sein. Manchmal schießen Freistoßkünstler wie z. B. Franck Ribery die Freistöße direkt aufs – und oft auch ins – Tor.

Schon gewusst?

Was glaubst du, gibt der Schiedsrichter, wenn ein Verteidiger einen Freistoß im eigenen Strafraum direkt ins eigene Tor schießt? Tor für den Gegner? – Nein, es gibt einen Eckstoß für den Gegner. Aus einem Vorteil (dem Freistoß) darf nämlich nicht direkt ein Nachteil (das Eigentor) entstehen. Aber weil das Spiel ja irgendwie weitergehen muss, gibt es Ecke.

Aber manchmal stehen noch ein paar andere Spieler um den Ball herum. Wenn der Schiedsrichter den Freistoß angepfiffen hat, tickt ein Spieler den Ball nur ganz leicht an. Ein zweiter Spieler stoppt den Ball und der eigentliche Freistoßschütze schießt dann also doch wieder einen Ball, der ruhig auf dem Rasen liegt. Warum also dann die ganze Aktion?

Michael Ballack ist berühmt für seine gefährlichen Freistöße.

Mit einer Plastikmauer kann man super Freistöße üben.

Manchmal gehört das Zusammenspiel zu einem Trick. Der gegnerische Torwart und die Abwehrspieler sollen nicht erkennen, wer den Freistoß wirklich schießt. Wenn das klappt, ist es natürlich schwieriger, den Ball zu halten. Aber es gibt auch Freistöße, die vorher berührt werden müssen, bevor sie aufs Tor geschossen werden können: die sogenannten indirekten Freistöße. Einen indirekten Freistoß gibt es z. B., wenn ein Spieler im Abseits gestanden hat. Oder bei Unsportlichkeiten wie einer Schwalbe oder einer Beleidigung des Schiedsrichters.

Viele Torhüter brauchen bei gefährlichen Freistößen die Hilfe ihrer Mitspieler. Die Feldspieler bilden dann eine sogenannte Mauer. So kann der Schütze das Tor nicht sehen und es ist für ihn viel schwieriger, den Ball zu versenken. Außerdem kann die Mauer den Ball abblocken.

Gegnerische Spieler müssen bei einem Freistoß mindestens 9,15 Meter vom Ball entfernt sein.

Das Duell – der Elfmeter

Foul im Strafraum vor dem Tor – das gibt Elfmeter!

Auch im Strafraum kann es Freistöße geben, indirekte nämlich. Aber für alles, was eigentlich zu direkten Freistößen führt, gibt es im Strafraum einen Strafstoß für die Angreifer. Der Strafstoß wird aus elf Metern auf das Tor geschossen, deshalb wird er oft einfach Elfmeter genannt. Dabei müssen alle Feldspieler außerhalb des Strafraums und hinter dem Ball stehen. Also stehen sich nur noch der Schütze und der Torwart gegenüber – ein echter Zweikampf.

Beim Strafstoß kommt es zu einem echten Zweikampf zwischen Schütze und Torwart.

Die Mitspieler können dem Schützen beim Strafstoß nicht helfen. Sie können nur hoffen, dass er trifft.

Für einen Torwart ist es extrem schwierig, einen Elfmeter zu halten. Manche Torhüter versuchen zu erkennen, wohin der Schütze schießen wird. Dazu hat es sogar schon wissenschaftliche Untersuchungen gegeben. Bei den Schützen wurde auf die Haltung der Hüfte, des Oberkörpers und der Beine geachtet. Aber auch nach vielen Studien gibt es keine Formel, mit der sich berechnen lässt, wohin ein Spieler schießen wird. Für den Torwart ist es also häufig Glück, ob er in die richtige Ecke springt. Oder er schafft es, den Schützen vor dem Elfmeter so zu verunsichern, dass der nervös wird.

Das hat Jens Lehmann im Tor der National-mannschaft geschafft. Bei der WM 2006 musste Deutschland gegen Argentinien im Elfmeter-schießen antreten. Lehmann hatte einen Zettel dabei. Darauf stand, welcher gegne-rische Spieler gerne in welche Ecke schießt. Lehmann hielt zwei Schüsse, und die Natio-nalmannschaft erreichte die nächste Runde.

„Der steht doch im Abseits – oder?"

Die Abseitsregel ist bestimmt die Regel, über die es den meisten Streit und die meisten Diskussionen gibt. Dabei ist sie sehr wichtig für den Fußball. Gäbe es die Abseitsregelung nicht, könnten Stürmer das ganze Spiel über vor dem gegnerischen Tor stehen und darauf warten, dass ihre Mitspieler lange Bälle nach vorne spielen. Ein Fußballspiel würde ganz schön langweilig werden. Dadurch, dass es Abseits gibt, müssen die Mannschaften auch viele kurze Pässe spielen oder einzelne Spieler mit Dribblings zum gegnerischen Tor gelangen.

Der Angreifer steht im Abseits – es gibt Freistoß.

Der Angreifer ist auf gleicher Höhe mit den letzten Abwehrspielern – kein Abseits.

Die Abseitsregel ist im Grunde nicht schwierig zu verstehen. Es gibt aber einige Ausnahmen und Sonderfälle. Wenn ein Angreifer den Ball von einem Mitspieler zugespielt bekommt, müssen sich noch mindestens zwei Verteidiger zwischen ihm und dem Tor befinden. Ist es nur einer (z. B. der Torwart) oder gar keiner, steht der Spieler im Abseits und es gibt Freistoß. Wenn der Ball aber von einem Verteidiger gespielt wird, kann der Angreifer nicht im Abseits stehen.

Schon gewusst?

Der Schiedsrichterassistent hebt die Fahne bei Abseits senkrecht nach oben. Erst wenn der Schiedsrichter gepfiffen hat, zeigt er mit der Fahne an, wo der Spieler im Abseits gestanden hat: direkt vor ihm, in der Mitte oder auf der anderen Seite des Spielfeldes.

Der besondere Fall: Der Angreifer bekommt den Ball zwar nicht direkt zugespielt, steht aber trotzdem im Abseits. Wenn der Ball vom Pfosten oder vom Torwart abprallt, gibt es Freistoß für die Verteidiger.

Beim Einwurf und beim Eckstoß kann es kein Abseits geben, bei Freistößen allerdings schon. Und dann ist da noch die Unterscheidung von „aktivem" und „passivem" Abseits. Dass ein Spieler im Abseits steht, heißt noch nicht, dass es auch Freistoß gibt. Solange er den Ball nicht bekommt, ist er „passiv", er hat also keinen Vorteil davon, dass er im Abseits steht. Bekommt er allerdings den Ball, wird er „aktiv", und der Schiedsrichter muss abpfeifen.

29

Ecke – Tor!

Selbst bei den besten Dribbelkünstlern und den genauesten Passgebern kommt es vor, dass der Ball aus dem Spielfeld rollt. Wenn die verteidigende Mannschaft den Ball über die Seitenlinie spielt, können ihn die Angreifer an dieser Stelle wieder einwerfen. Dabei muss der Spieler oder die Spielerin den Ball mit beiden Händen von hinter dem Kopf nach vorne werfen. Geht der Ball neben oder über dem Tor ins Aus, gibt es Abstoß (wenn die Angreifer danebengeschossen haben) oder Eckstoß (wenn die Verteidiger den Ball ins Aus geschossen haben). Der Eckstoß wird mit dem Fuß aus dem Viertelkreis an der Eckfahne ausgeführt.

Eckball – die Chance ist groß, dass hier im Berliner Olympiastadion gleich ein Tor fällt.

Eckstöße sind eine sehr gute Gelegenheit für die angreifende Mannschaft, ein Tor zu erzielen. Schließlich kann sich der Spieler, der den Ball ins Feld spielt, viel Zeit lassen und wird nicht beim Schuss gestört. Während des Spiels verhindern häufig Verteidiger ein solch ungestörtes Flanken. Beim Eckstoß gibt es verschiedene Varianten, viele Mannschaften trainieren spezielle Tricks. Der Schütze kann den Ball entweder direkt in den Strafraum schießen und seine Mitspieler laufen vor das Tor, um den Ball zu köpfen. Oder er spielt ihn kurz zu einem Mitspieler, mit dem er dann zusammen die Abwehrspieler ausspielen kann.

Eckstöße sind auch gute Gelegenheiten für Spieler ins Tor zu treffen, die sonst eher wenige Tore schießen. Viele Abwehrspieler kommen z. B. bei Ecken mit nach vorne. Sie sind oft kopfballstark und werden deshalb dann vorne gebraucht. Vor allem, wenn nur noch kurze Zeit zu spielen ist und die Mannschaft, die einen Eckstoß bekommt, mit einem Tor zurückliegt, kommt manchmal auch der Torwart mit nach vorne. So gelang Jens Lehmann 1997 ein Kopfballtor gegen Borussia Dortmund.

Das „runde Leder"

Wenn du in ein Sportgeschäft gehst und einen Fußball kaufen möchtest, kannst du zehn Euro, zwanzig, fünfzig oder sogar über hundert Euro ausgeben. Fußbälle gibt es nämlich in verschiedenen Qualitätsstufen. Und die kosten dann natürlich auch unterschiedlich viel Geld.

Die besten Bälle sind aus einem speziellen Kunststoff und aus mehreren Einzelteilen miteinander verklebt. Im Inneren haben sie eine Gummiblase, in die die Luft hineingepumpt wird.

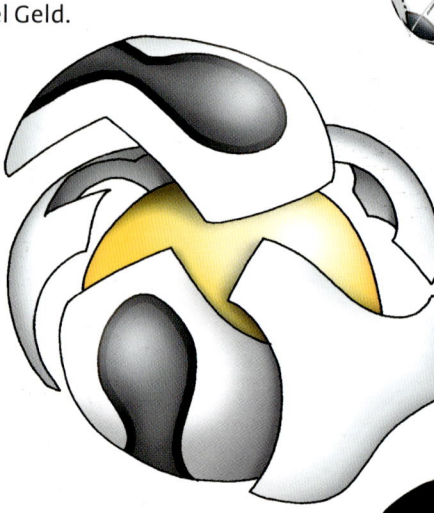

Ein moderner Ball besteht aus vielen unterschiedlichen Schichten, die zusammengeklebt werden.

WM-Ball 1974

Schon gewusst?

Viele Fans oder Reporter sprechen auch heute noch vom „runden Leder", wenn sie den Fußball meinen. Auch wenn der schon lange aus Kunststoff hergestellt wird.

In frühen Formen des Fußballs wurde mit Holzbällen gespielt. Weil sie relativ schwer und hart waren, war damit natürlich kein richtiges Fußballspiel möglich. Die Sportler jonglierten den Ball eher. Mit der Entwicklung des Fußballs als Mannschaftssportart mussten auch die Bälle angepasst werden. Zuerst gab es Lederbälle, die mit Federn gefüllt waren. Im späten Mittelalter kamen die Menschen dann auf die Idee, mit luftgefüllten Bällen zu spielen. Sie bliesen Schweinemägen auf und verknoteten sie.

WM-Ball 2002

Spätestens seit dem 19. Jahrhundert setzten sich Lederbälle durch. Anfangs wurden sie noch zusammengeknotet. 1920 gab es den ersten genähten Lederball, der ein Ventil hatte und so von außen aufgeblasen werden konnte. Bis vor 30 Jahren wurde Fußball noch mit Lederbällen gespielt.

WM-Ball 1982

Die waren von vornherein nicht wirklich leicht. Wenn es dann noch regnete, sogen sie sich mit Wasser voll und wurden richtig schwer. Moderne Kunststoffbälle sind weder genäht noch aus Leder. Sie sind aus Kunststoffteilen zusammengeklebt und wasserabweisend.

Im Museum für Industriekultur in Nürnberg kann man viele Generationen von Fußbällen anschauen.

Die lange Reise des Fußballs

跐踘圖

Fußball hat eine viel längere Geschichte, als du vielleicht denkst. Schon vor über 4000 Jahren muss es fußballähnliche Spiele gegeben haben. Vor allem in Asien wurde damals mit Bällen aus Holz oder Lederstücken gespielt. Allerdings gab es noch keine Tore oder ein richtiges Spielfeld. Das Spiel hatte viel mehr mit Gymnastik oder sogar Tanz zu tun als mit dem heutigen Fußball. Deshalb waren die Bälle auch kleiner und leichter. Die Spieler balancierten den Ball mit dem ganzen Körper, aber vor allem mit dem Fuß.

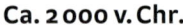

Ca. 2000 v. Chr.

Erste fußballähnliche Spiele in Asien

Ab ca. 200 v. Chr.

Erste fußballähnliche Mannschaftsspiele in China

Ca. ab 15. Jahrhundert

Erste Fußballspiele in Europa

In vielen Teilen Asiens, aber auch in Afrika und Mittelamerika, wurde Fußball lange Zeit als Geschicklichkeits- und Kunstform ausgeübt. Aber die Chinesen waren es auch, die wahrscheinlich die ersten Fußballmannschaften gegeneinander antreten ließen. Damit sollten ihre Soldaten trainiert und fitgehalten werden.

Ende des Mittelalters entwickelte sich auch in Europa ein Fußballspiel, bei dem zwei Mannschaften gegeneinander spielten. Meistens gab es aber noch kein richtiges Spielfeld. Außerdem bestand eine Mannschaft häufig aus viel mehr Spielern als nur elf. Oft traten ganze Dörfer gegeneinander an. Das Ziel war es, den Ball durch das Dorftor des Gegners zu schießen. So lässt sich auch erklären, warum Fußball heute noch auf Tore gespielt wird.

1848	**1857**	**1888**
Erste Fußballregeln in England	Erster Fußballverein der Welt wird gegründet: Sheffield FC	Erster deutscher Fußballverein wird gegründet: Germania Berlin

Der frühe Fußball in Europa wurde vor allem
in Italien und England gespielt. In Italien wird Fußball seitdem
Calcio genannt. Das Wort bedeutet im Italienischen auch „Fußtritt".
England wird oft als „Mutterland des Fußballs" bezeichnet. Das liegt
daran, dass hier die ersten Regeln niedergeschrieben wurden.

1900	1903	1930	1954
DFB wird gegründet	Erster deutscher Fußballmeister wird Leipzig	Die erste Fußball-WM findet in Uruguay statt	Deutschland wird zum ersten Mal Weltmeister

Dabei war in England und Schottland Fußball jahrzehntelang verboten. Die Spieler benahmen sich nämlich alles andere als sportlich und immer wieder gab es viele Verletzte.

1848 beschlossen Studenten an der Universität von Cambridge in England, allgemeine Fußballregeln aufzustellen. In den Regeln stand z. B., dass Spieler nicht nach anderen Spielern treten durften und dass eine Mannschaft aus 15 bis 20 Spielern bestehen sollte. 1857 wurde der erste reine Fußballverein der Welt gegründet, der Sheffield FC. In Deutschland dauerte es etwas länger. 1888 wurde der BFC Germania Berlin gegründet. Er ist der älteste deutsche Fußballverein, den es auch heute noch gibt. Die Zahl der Fußballvereine wuchs schnell. 1900 gründeten 86 Vereine den Deutschen Fußball-Bund, den DFB. Heute ist er der größte Sportverband der Welt.

1963

Die erste Bundesliga wird eingeführt

1990

Die Frauen-bundesliga wird eingeführt

2010

Die Fußball-WM findet erstmals in Afrika statt

Geschichte

Die Welt wird ein Fußball

Fußball hat überall auf der Welt eine große Bedeutung. In Afrika spielen Kinder Fußball, in Asien gehen die Menschen in Fußballstadien und natürlich hat auch Australien eine Fußballnationalmannschaft. Man könnte fast sagen, „die Erde ist ein großer Fußball".

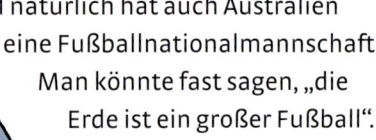

Schon gewusst?

Mit den ersten deutschen Fußballregeln von 1874 war es den Feldspielern noch erlaubt, den Ball auch mit der Hand mitzunehmen. Erst seit 1882 wurde in Deutschland nur noch mit dem Fuß gespielt. In England stand das damals schon seit vielen Jahrzehnten in den Fußballregeln.

Eine wichtige Rolle für die Verbreitung von Fußball spielte der Braunschweiger Professor Konrad Koch. 1874 wurde im Sportunterricht an deutschen Schulen vor allem geturnt. Koch hatte in England Fußball kennengelernt und einen Ball mit nach Deutschland gebracht. Er brachte seinen Schülern das Spiel bei. Aber nicht alle waren begeistert.

Konrad Koch

Vor allem die Kinder und Lehrer, die schon lange und gut geturnt hatten, wehrten sich gegen die neue Sportart. Sie sagten, das Spiel sei gefährlich und schade den Kindern. Konrad Koch wollte, dass dieses Argument nicht weiter gelten konnte. Und natürlich wollte er auch, dass sich seine Schüler nicht verletzten. Also schrieb er die ersten deutschen Fußballregeln.

Mach mit!

Denk dir zusammen mit deinen Freunden neue Regeln aus. Mit welcher Änderung würde Fußball noch mehr Spaß machen? Auf welche Regeln würdest du gerne verzichten? Und welche Regeln müssen auf jeden Fall gelten?

Die Spieler von Hertha BSC spielten um 1900 auch schon nach Kochs Regelwerk. Die Mannschaft hieß damals aber noch BFC Hertha 1892.

Von da an übernahmen immer mehr Schulen die Regeln und boten Fußball im Schulsport an. Natürlich wurden die Regeln immer wieder überarbeitet und verbessert. Einige Ideen von Konrad Koch haben sich auch in anderen Ländern durchgesetzt, und es gibt sie noch bis heute. So hat sich Koch z. B. die Abseitsregel ausgedacht.

Fußball – an der Spitze der Sporttabelle

Nicht nur Fußball, Sport im Allgemeinen ist den Menschen in Deutschland sehr wichtig. Im Deutschen Olympischen Sportbund sind die Sportverbände der wichtigsten Sportarten zusammengefasst.

Die Verbände organisieren Spiele und Wettkämpfe zwischen den Vereinen und Sportlern. Und sie legen gemeinsame Regeln für die verschiedenen Sportarten fest. Vor allem Ballsportarten sind in Deutschland sehr beliebt. Die Handballbundesliga gilt als die beste Handballliga der Welt.

Viele Menschen spielen Tennis und Volleyball.

Im Tisch-
tennis konnte
Deutschland in den
letzten Jahren viele
Medaillen bei interna-
tionalen Wettkämpfen
gewinnen. Eishockey
und Basketball sind vor
allem in den USA sehr
beliebt. Aber auch zu
diesen Sportarten kom-
men viele Zuschauer in
Deutschland.

Florian Hambüchen – zurzeit der erfolgreichste Turner in Deutschland

Und dann gibt es natürlich noch viele Sport-
arten, bei denen es keinen Ball gibt. Boden- und
Geräteturnen zum Beispiel. Verschiedene
Leichtathletikvarianten, Boxen,
Schwimmen, Sportschießen oder Reiten.

Aber über all diesen Sportarten thront der Fußball: Die meisten
Menschen in Deutschland, die in einem Sportverein sind,
spielen Fußball. Die meisten Zuschauer, die sich Sport live
anschauen, gehen ins Fußballstadion. Die meisten sport-
interessierten Fernsehzuschauer gucken sich Fußballspiele an. Fußball ist schon seit Langem der Sport Nr. 1
in Deutschland. Und wird es wohl auch immer bleiben.

Ligen und Meisterschaften

Der Fußball in Deutschland ist organisiert wie in einer großen Zwiebel. Wenn du in einer Mannschaft Fußball spielen möchtest, brauchst du zuerst einen Verein. Die Vereine aus deiner Gegend sind in sogenannten Fußballkreisen zusammengeschlossen. Dieser Zusammenschluss bildet sozusagen den ersten Zwiebelring um deinen Verein. Jeder Kreis hat einen Vorstand, der z. B. festlegt, wann welche Mannschaft gegen wen spielt. Nach ein paar anderen Ringen kommt die äußere Zwiebelschale, der Deutsche Fußball-Bund (DFB). Du kannst dir vorstellen, dass alle einzelnen Zwiebeln in Europa (also z. B. der deutsche oder der französische Verband) in einem Zwiebelnetz zusammengehalten werden. Das Netz ist der europäische Fußballverband, die UEFA. Die UEFA organisiert z. B. die Champions League. Neben der UEFA gibt es noch ein paar weitere Zwiebelnetze, die alle in einer großen Kiste aufbewahrt werden. Diese Kiste ist der Weltfußballverband, die FIFA. Nur die FIFA kann z. B. darüber entscheiden, ob es Veränderungen bei den Fußballregeln gibt.

Der deutsche Bundespräsident Horst Köhler (in der Mitte) schaut sich ein Spiel mit dem DFB-Präsidenten Theo Zwanziger (links) und dem UEFA-Präsidenten Michel Platini (rechts) an.

Erste Bundesliga

Die höchste Liga in Deutschland ist die Bundesliga. Es gibt eine Herren- und eine Damenbundesliga. Die Männerbundesliga fand zum ersten Mal in der Saison 1963/64 statt. Ab diesem Zeitpunkt spielten alle Mannschaften in Hin- und Rückrunde gegeneinander. Auch das der Erste der Tabelle Meister wurde, wurde damals neu eingeführt. Davor gab es verschiedene Systeme, bei denen der Meister durch ein Endspiel ermittelt wurde. Zuerst war der DFB für die Durchführung der Liga zuständig. Mittlerweile gibt es eine eigene Gesellschaft, die deutsche Fußballliga (DFL), die den Spielbetrieb organisiert. Die DFL arbeitet eng mit dem DFB zusammen. Aber die Vereine glauben, dass sie ihre Wünsche und Anliegen besser vertreten kann.

Schon gewusst?

Der Hamburger SV ist der einzige Verein, der seit der Gründung der 1. Bundesliga in dieser spielt und seitdem nicht abgestiegen ist.

Die Fußballligen sind wie in einer Pyramide organisiert: In den untersten Ligen gibt es die meisten Mannschaften, je höher die Liga, desto weniger Teams spielen mit. In der ersten Bundesliga gibt es nur 18 Vereine.

1. Bundesliga

2. Bundesliga

3. Bundesliga

Regionalligen Nord, West und Süd

Oberligen

Verbandsligen

Landesligen

Bezirksligen

Kreisligen A–D

Mach mit!

Bastel dir deine eigene Meisterschale. Dazu reichen Alufolie, Klebeband, Pappe (zum Beispiel einen großen Karton) und fünf alte Knöpfe. Male auf die Pappe einen großen Kreis und schneide ihn aus. Vielleicht können deine Eltern dir dabei helfen. Diesen Kreis kannst du mit Folie bekleben. Schneide noch einen kleinen Kreis aus Pappe oder Papier aus. Darauf kannst du das DFB-Zeichen malen. Den kleinen Kreis klebst du in die Mitte des Großen. Die Knöpfe klebst du außen rundherum. Und fertig ist deine Meisterschale.

Mit der Einführung der Bundesliga gab es eine einheitliche Liga für ganz Deutschland. Erster Meister wurde der 1. FC Köln. Die Meistermannschaft bekommt am Ende der Saison die Meisterschale überreicht. Sie besteht aus Silber. Auf ihr sind sogar alle Fußballmeister seit 1903 eingraviert.

Die Mannschaft des 1. FC Köln von 1963

Die TSG Hoffenheim spielt seit 2008 in der Bundesliga.

Eigentlich kann jede Mannschaft in der Bundesliga spielen. Sie muss nur immer wieder in eine höhere Liga aufsteigen. Besonders schnell hat das in den letzten Jahren die TSG 1899 Hoffenheim geschafft. Der Verein stieg erst in zehn Jahren von der Kreisliga (der neunten Liga) bis in die Oberliga (die fünfte Liga) und dann in acht Jahren sogar in die erste Bundesliga auf.

Schon gewusst?

Borussia Mönchengladbach hat hinter dem FC Bayern München die meisten Deutschen Meisterschaften in der Bundesliga gefeiert. Findest du heraus, wie viele es waren?

Es waren fünf Meisterschaften.

Name	Saison	Tore
Gerd Müller	71/72	40
Gerd Müller	69/70	38
Gerd Müller	72/73	36
Dieter Müller	76/77	34
Lothar Emmerich	65/66	31

Die fünf besten Torschützen der Bundesliga

Zweite Bundesliga

Anders als die erste Bundesliga gibt es die zweite in ihrer jetzigen Form erst seit der Saison 1981/82. Davor gab es immer wieder verschiedene Ligaformen, z. B. auch mit der Unterteilung in eine Nord- und eine Südliga. Auch bei der Auf- und Abstiegsregelung gab es immer wieder Neuheiten.

Die ersten beiden Mannschaften am Ende einer Zweitligasaison steigen direkt in die erste Bundesliga auf. Dafür steigen die beiden letzten der ersten Liga ab. Seit der Saison 2008/09 gibt es die sogenannte Relegation. Das bedeutet, dass der dritte der zweiten Liga gegen den drittletzten der ersten Liga zwei Entscheidungsspiele spielt. Wer diese gewinnt, darf in der nächsten Saison in der ersten Bundesliga spielen. Zwischen der zweiten und dritten Liga gilt diese Regelung genauso.

1. Liga	2. Liga	3. Liga
1. Platz	1. Platz	1. Platz
2. Platz	2. Platz	2. Platz
3. Platz	3. Platz	3. Platz
4. Platz	4. Platz	4. Platz
...	...	...
drittletzter Platz	drittletzter Platz	drittletzter Platz
vorletzter Platz	vorletzter Platz	vorletzter Platz
letzter Platz	letzter Platz	letzter Platz

spielt gegen   *spielt gegen*

 Neu ist seit 2009 außerdem, dass auch der Meister der zweiten Liga eine Trophäe erhält. Die Meisterschale ist etwas kleiner als die in der ersten Bundesliga. Als erster Verein bekam sie der SC Freiburg, Meister der Zweitligasaison 2008/09, überreicht. Mit dem neuen Pokal wollte die DFL zeigen, dass man auch in der zweiten Liga guten Fußball spielt.

Schon gewusst?

Der Verein, der am längsten in der zweiten Bundesliga gespielt hat, ist der SC Fortuna Köln. Bis 2000 schaffte er 26 Jahre lang den Aufstieg in die erste Liga nicht – stieg aber immerhin auch nicht ab. Die meisten Zweitligaspiele hat Willi Landgraf bestritten. Er lief 508 Mal auf, am meisten davon für Alemannia Aachen und Rot-Weiss Essen. Die meisten Tore der zweiten Liga schoss Dieter Schatzschneider. 154 Stück erzielte er für Hannover 96 und Fortuna Köln.

Die Freiburger freuen sich über die Zweitliga-Meisterschale.

Weltmeisterschaft

Alle vier Jahre findet das größte Fest statt, dass sich Fußballfans vor-
stellen können: die Fußballweltmeisterschaft. Dann treffen die 32 besten
Nationalmannschaften der Welt aufeinander, um in einem Turnier den
Weltmeister auszuspielen. Schon über zwei Jahre vor der jeweiligen
Weltmeisterschaft beginnt die Qualifikation.

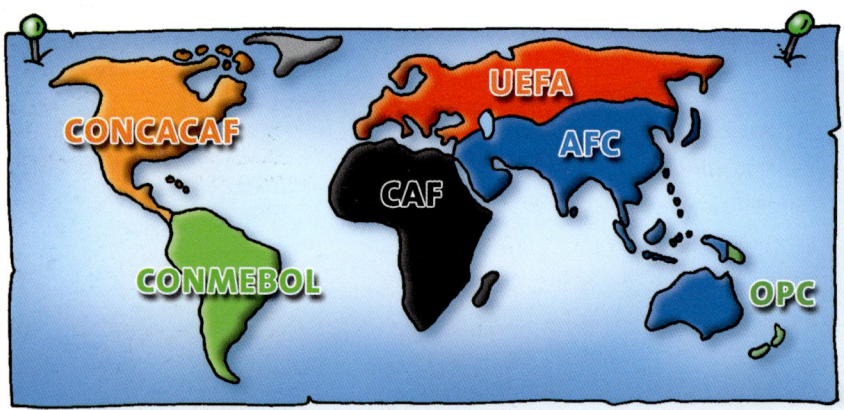

Die WM wird vom Weltfußballverband, der FIFA, veranstaltet.
Theoretisch können alle Länder daran teilnehmen, die der FIFA angehören.
Das sind aber insgesamt 208 verschiedene Verbände. Stell dir vor, die
würden alle an einem einzigen Turnier um den Weltmeisterpokal teilnehmen. Das Turnier würde Monate dauern. Deshalb gibt es eine lange
Qualifikation. So haben immer noch alle Mannschaften die Chance, an
der WM teilzunehmen. Aber beim Turnier selbst sind dann tatsächlich nur
die besten Teams dabei. Die Qualifikationsrunde ist auf die Kontinente
aufgeteilt. Nationalteams müssen nur gegen Mannschaften von ihrem

Kontinent spielen. Deutschland trifft also nur auf Länder aus Europa. Das ist gerecht, weil dann bei der WM auf jeden Fall Teams von allen Kontinenten dabei sind. Außerdem ist es praktischer für die Mannschaften, weil sie nicht so weit reisen müssen.

Weltmeister 2006 war Italien nach einem 1 : 0 gegen Frankreich.

Die erste WM wurde 1930 in Uruguay veranstaltet. Damals nahmen aber nur 13 Mannschaften teil, weil sich die meisten Länder die weite Reise nicht leisten konnten. Erster Weltmeister wurde der Gastgeber Uruguay. Bis jetzt haben es erst sieben Mannschaften geschafft, Weltmeister zu werden: Brasilien, Italien, Deutschland, Argentinien, Uruguay, Frankreich und England.

Mach mit!

Besorg dir den Spielplan der nächsten Weltmeisterschaft und tippe alle Spiele mit deinen Freunden. Tippst du den Spielstand richtig, bekommst du 3 Punkte, stimmt das Torverhältnis (z. B. Spielstand 3 : 2, dein Tipp 2 : 1) bekommst du 2 Punkte und tippst du zumindest den Sieger des Spiels bekommst du einen Punkt. Wer am Ende die meisten Punkte hat, ist Tippkönig!

Der aktuelle Weltmeisterpokal (seit 1974)

Der ehemalige Weltmeisterpokal (1930–1970)

Land	Weltmeister
Brasilien	★ ★ ★ ★ ★
Italien	★ ★ ★ ★
Deutschland	★ ★ ★

Die erfolgreichsten Nationen

⚽ Für die deutsche Nationalmannschaft gab es schon viele besondere WM-Turniere. 1954 traute der Mannschaft eigentlich niemand einen Erfolg in der Schweiz zu. Die Deutschen nahmen das erste Mal nach dem Zweiten Weltkrieg an der WM teil. Aber sie schafften es bis ins Finale nach Bern und mussten dort gegen Ungarn spielen. Schon in der Vorrunde hatte Ungarn 8:3 gewonnen. Für die Experten war also klar: Weltmeister musste

Jubel nach dem Abpfiff 1954 – Deutschland war Weltmeister!

Ungarn werden. Und so sah es auch am Anfang des Spiels aus. Die Ungarn führten schon nach acht Minuten mit 2:0. Doch dann schoss Max Morlock einen Treffer, und Helmuth Rahn versenkte sogar zwei Bälle im Tor und verhalf Deutschland so zum WM-Titel. Die Menschen in Deutschland waren außer sich vor Freude und feierten „das Wunder von Bern".

⚽ Das zweite Mal wurde Deutschland 1974 Weltmeister. Damals fand die WM in deutschen Stadien statt. Allerdings nur im Westen, weil Deutschland noch geteilt war. In der Vorrunde des Turniers kam es auch zum Spiel zwischen der Bundesrepublik Deutschland (also Westdeutschland) und der Deutschen Demokratischen Republik (also Ostdeutschland). Das Spiel gewann die DDR mit 1:0. Am Ende konnte sich die Bundesrepublik aber im Finale gegen Holland mit 2:1 durchsetzen.

 Die WM 1990 in Italien war das letzte große Turnier, an dem die Auswahl Westdeutschlands ohne ostdeutsche Spieler teilnahm. Im Finale schoss Andreas Brehme das 1:0 gegen Argentinien und sorgte so für den dritten Weltmeistertitel. Trainer der Mannschaft war Franz Beckenbauer, der 1974 schon als Spieler den WM-Titel gewonnen hatte.

Schon gewusst?

Die WM 2010 ist die erste, die auf dem afrikanischen Kontinent stattfindet. Die Spiele werden in zehn südafrikanischen Stadien gespielt, von denen vier extra für die WM gebaut werden. Das Finale findet in Johannesburg statt. Dann soll das dortige Stadion für 95 000 Zuschauer umgebaut sein.

Deutschland gewinnt den WM-Titel 1990.

Auch die WM 2006 war eine ganz besondere Weltmeisterschaft für den deutschen Fußball. Zwar holte das Team nur den dritten Platz, aber das Turnier fand in Deutschland statt.

Überall gab es Fanfeste, und nicht nur rund um die Stadien herrschte eine ausgelassene Stimmung. Die WM 2006 verwandelte ganz Deutschland in eine vierwöchige Partymeile.

Europameisterschaft

Genau wie die Weltmeisterschaft findet auch alle vier Jahre eine Europameisterschaft statt. Bei diesem Turnier spielen die 16 besten Teams aus Europa gegeneinander. Auch für dieses Turnier gibt es eine Qualifikation. Sie läuft ähnlich ab wie bei einer WM.

Der Europameister-
pokal

2012 sind Polen und die Ukraine Gastgeber der Europameisterschaft. Sie wird in acht Stadien stattfinden und drei Wochen lang dauern. Die erste Europameisterschaft dauerte zwei Jahre. Von 1958 bis 1960 wurde der sogenannte Europa-Nationenpokal ausgespielt. Gespielt wurde nicht in einem oder zwei Ländern. Die Spiele fanden in den jeweiligen beteiligten Ländern statt, bei jedem Duell gab es ein Hin- und ein Rückspiel. Aus diesem Grund, und weil die Reisemöglichkeiten damals noch nicht so gut waren wie heute, dauerte die erste Europameisterschaft so lange. Erst die beiden Halbfinale und das Finale fanden in Frankreich statt. Im Finale gewann übrigens die UdSSR (das heutige Russland) gegen Jugoslawien.

Im EM-Finale 2008: Spanien schießt das Siegtor gegen Deutschland.

1996 in England: Jürgen Klinsmann bekommt von der englischen Königin den Europameister-pokal überreicht.

Mach mit!

Findest du heraus, welche neun Länder von diesen zwölf schon mindestens einmal Europameister wurden?

- ☒ England
- ☒ Deutschland
- ☒ Spanien
- ☒ Portugal
- ☒ Frankreich
- ☐ Russland
- ☒ Griechenland
- ☐ Österreich
- ☒ Italien
- ☒ Tschechien
- ☒ Niederlande
- ☒ Dänemark

Antwort: alle außer England, Portugal, Österreich

Insgesamt konnten bis heute neun Nationen die EM gewinnen. Deutschland schaffte das dreimal. 1972 in Belgien und 1980 in Italien. Der letzte Titelgewinn gelang 1996 in England gegen Tschechien. Der gefeierte Held im Finale war Oliver Bierhoff, der heute Manager der Nationalmannschaft ist. In der 65. Minute stand es noch 1:0 für Tschechien. Bierhoff wurde eingewechselt und köpfte wenig später den Ausgleich. In der Verlängerung schoss er das erste und einzige Golden Goal bei einem großen Finale. Durch diese Regelung wurde das Spiel sofort nach dem Tor abgepfiffen und Deutschland war Europameister. Wenig später wurde die Golden-Goal-Regel wieder abgeschafft.

Land	Europameister
Deutschland	★ ★ ★
Spanien	★ ★
Frankreich	★ ★

Die erfolgreichsten Nationen

UEFA Champions League

Schon gewusst?

Aus Deutschland konnten bis jetzt der FC Bayern München (1974, 1975, 1976, 2001), Borussia Dortmund (1997) und der Hamburger SV (1983) den Landesmeisterpokal bzw. die Champions League gewinnen.

Der HSV 1983

Um die Spiele der Champions League sehen zu können, muss man ganz schön lange wach bleiben. Fast alle Spiele werden entweder diens- tags oder mittwochs um 20.45 Uhr angepfiffen. Und dann dauern sie natürlich ziemlich lang. Die besten Vereinsmannschaften spielen aus verschiedenen Gründen erst so spät gegeneinander. Zum einen ist es in vielen südländischen Ländern wie Spanien oder Italien vorher ein- fach zu heiß zum Fußballspielen. Außerdem wollen die Fernsehsender möglichst viele Menschen vor die Bildschirme locken. Das geht am besten am Abend, nach- dem alle von der Arbeit nach Hause gekommen sind.

Im Finale der Champions League 1999 führte Bayern München bis zur 90. Minute mit 1 : 0 gegen Manchester. Und dann bekamen sie in den drei Minuten Nachspielzeit noch zwei Gegentore.

 In der Champions League treffen die besten Vereinsmannschaften Europas aufeinander. *Champion* ist Englisch und bedeutet „Meister". In der „Meister Liga" dürfen aber nicht nur die Meister der einzelnen Länder spielen. Nach einem komplizierten Verfahren bekommen bessere Ligen mehr Startplätze zugesprochen. So darf dann zum Beispiel auch der zweite der Bundesliga in der nächsten Saison an der Champions League teilnehmen.

Der Champions-League-Pokal

Bis 1992 hieß der Wettbewerb noch „Pokal der Landesmeister". Die Namensänderung bedeutete auch eine Änderung des Turniermodus. Vorher gab es nur

Lars Ricken erzielt 1997 Sekunden nach seiner Einwechslung das 3:1 für Borussia Dortmund im Finale gegen Juventus Turin.

„K.-o.-Spiele", das heißt die Teams trafen in Hin- und Rückspiel aufeinander. Wer gewann, kam eine Runde weiter. Seit 1992 gibt es Gruppenspiele, bei denen alle Mannschaften einer Gruppe gegeneinander spielen. Das ist für die Teams viel besser, weil sie in jedem Fall mehr Spiele bestreiten. Dadurch können sie natürlich auch mehr Geld einnehmen.

UEFA Euroleague

Seit der Saison 2009/2010 gibt es eine zweite europäische Liga neben der Champions League: die Euroleague. Sie löst den UEFA-Pokal ab. Nachdem schon der Europapokal der Pokalsieger in den UEFA-Pokal integriert wurde und dieser nun in die neue Europaliga, gibt es keinen traditionellen Pokalwettbewerb in Europa mehr.

Den UEFA-Pokal bekommt auch der Gewinner der Euroleague.

Obwohl die Fans ihre Mannschaft tatkräftig unterstützten, verlor Borussia Dortmund das UEFA-Pokal-Finale 2002 gegen Rotterdam mit 2:3.

Das bedeutet vor allem Änderungen am Spielmodus. In den Pokalwettbewerben wurde in „K.-o.-Runden" gegeneinander gespielt. Wer in Hin- und Rückspiel gegen eine andere Mannschaft weniger Punkte und Tore erzielte, ging „K. o." und schied aus. Die Vereine und die UEFA wollten aber mehr Planungssicherheit und stellten den Wettbewerb so auf ein Ligasystem um. Damit ist gewährleistet, dass die Mannschaften sehr viel mehr Spiele bestreiten können, bis sie dann eventuell ausscheiden.

Die Euroleague kannst du dir wie die zweite Liga Europas vorstellen. Daran nehmen nicht die allerbesten Mannschaften eines Landes (also Meister oder Zweite) teil, sondern die, die direkt dahinter kommen. In Deutschland sind das meistens die Teams, die am Ende einer Saison auf den Plätzen vier und fünf landen. Außerdem darf der Pokalsieger an der Euroleague teilnehmen.

UEFA-Pokal-Sieger 1980: Eintracht Frankfurt

Ein besonders erfolgreicher UEFA-Pokal aus deutscher Sicht war die Saison 1979/1980. Das Halbfinale bestritten ausschließlich Mannschaften aus der Bundesliga. Eintracht Frankfurt gewann gegen Bayern München und Borussia Mönchengladbach setzte sich gegen den VfB Stuttgart durch. Im Hin- und Rückspiel bezwang Eintracht Frankfurt dann schließlich die Mönchengladbacher Mannschaft mit Lothar Matthäus.

Kinderfußball

Wahrscheinlich gibt es für dich mindestens zwei Arten von Fußball: Wenn du selbst Fußball spielst und wenn du im Stadion oder im Fernsehen Fußball schaust. Immer ist es das gleiche Spiel, und trotzdem ist es völlig unterschiedlich. Spiele in der Bundesliga sind natürlich viel schneller und professioneller als ein Spiel in einer Kreisliga. Profifußballer spielen Fußball ja auch als Beruf und tun nichts anderes, als zu trainieren und möglichst perfekt zu spielen. Aber auch wenn du deine Spiele mit denen deines Fußball spielenden Vaters oder deiner Fußball spielenden Tante vergleichst, wirst du viele Unterschiede feststellen.

Bei Trainingsspielen braucht ihr keine richtigen Trikots. Bunte Leibchen helfen auch.

Mach mit!

F-Jugend

Wenn du wirklich ehrgeizig bist und viel tun möchtest, um Profifußballer zu werden, musst du auch besonders viel trainieren. Übe also nach dem Training mit deiner Mannschaft noch Freistöße oder halt dich fit, indem du zur Schule mit dem Fahrrad fährst.

C-Jugend

Vor allem dauern deine Spiele nicht so lang wie die der Erwachsenen. Je älter du wirst, desto länger ist die Spielzeit deines Fußballspiels. In der F-Jugend dauert eine Halbzeit z. B. nur 20 Minuten, in der C-Jugend sind es schon 35. Zweimal 45 Minuten musst du dann ab der A-Jugend spielen. Die kürzeren Spielzeiten in der Jugend sind sinnvoll, weil man als Kind oder Jugendlicher gar nicht so viel Sport am Stück machen kann wie Erwachsene. Stell dir vor, du hättest direkt 90 Minuten lang laufen müssen, als du mit Fußball angefangen hast.

A-Jugend

Auf große Tore spielt ihr erst, wenn ihr etwas älter seid.

Auch bei den Regeln gibt es Unterschiede. Kleine Kicker müssen z. B. nicht zu elft spielen. Es gibt auch Ligen, in denen immer sieben gegen sieben spielen. Auch die Abseitsregel gibt es für die ganz Kleinen noch nicht. Und dann ist das Aus- und Einwechseln noch anders geregelt: Wenn du mal Luft holen musst, kann dich dein Trainer auswechseln, und du darfst später wieder ins Spiel eingewechselt werden. Bei älteren Jugendlichen und bei den Erwachsenen geht das nicht. Wer da einmal ausgewechselt wurde, darf nicht mehr wieder rein.

Schon gewusst?

Das englische Nachwuchstalent Theo Walcott hatte seinen ersten Einsatz in der ersten englischen Liga, als er 16 Jahre alt war. Er hatte als Stürmer in den Jugendmannschaften des FC Southampton so viele Tore geschossen, dass er zum jüngsten Erstligaspieler seines Vereins wurde.

Vielleicht hast du ja auch den Traum, Profifußballer zu werden. Dann musst du auf dem Platz natürlich immer alles geben. Und dir sollte klar sein, dass es extrem schwierig ist, dieses Ziel zu erreichen. Schließlich wollen viele aus deiner Mannschaft dasselbe. Und die Jungs und Mädchen in den anderen Tausenden Mannschaften in Deutschland auch. Du müsstest also besser sein und viel mehr Glück haben als ganz schön viele andere in deinem Alter. Trotzdem solltest du deinen Traum nicht aufgeben. Versuche erst einmal, von Training zu Training besser zu werden.

Wer in der Jugendmannschaft eines Bundesligavereins spielen darf, hat gute Chancen, ein toller Fußballer zu werden.

Der Weg in einen Profiverein oder sogar in die Nationalmannschaft führt am besten über die Jugendauswahlmannschaften deines Kreises oder deines Verbands. In der Auswahl spielen die besten gleichaltrigen Spieler aus allen Vereinen miteinander. Wenn du es schaffst, in jedem Jahr in eine Auswahl berufen zu werden, bist du auf einem guten Weg in den Profifußball.

Die 10 größten Spieler

Name:	**Fritz Walter**
Geb.:	31. 10. 1920 (gest. 17. 6. 2002)
Nationalität:	deutsch
Position:	Stürmer (halbrechts)
Rückennr.:	8
Vereine:	1. FC Kaiserslautern
Erfolge:	u. a. Weltmeister 1954, Deutscher Meister 1951 und 1953

Du hast doch bestimmt schon mal den Satz gehört „Heute ist wieder Fritz-Walter-Wetter", oder? Wenn das jemand sagt, muss es draußen ganz schön regnen. Denn Fritz Walter liebte es, bei Regen Fußball zu spielen. Während die anderen Spieler (und vor allem die gegnerischen) mit dem nassen Rasen und dem schweren Ball zu kämpfen hatten, konnte Fritz Walter im Regen seine technischen Stärken am besten ausspielen. Auch im Finale der WM 1954 regnete es. Und siehe da: Fitz Walter führte die deutsche Nationalmannschaft als Kapitän zum Sieg.

Pelé wurde von der FIFA als „Weltfußballer des 20. Jahrhunderts" ausgezeichnet. Welcher Titel könnte bedeutender sein, als der des besten Fußballers der ganzen Welt?

Pelé hatte eine überragende Schusskraft, ein tolles Taktikverständnis und eine einmalige Ballbehandlung. Er schoss den Ball nicht, er sah aus als ob er den Ball mit dem Fuß „streichelte". Und dabei gelangen ihm unglaublich viele Tore.

Name:	**Pelé**
Geb.:	23. 10. 1940
Nationalität:	brasilianisch
Position:	Stürmer
Rückennr.:	10
Vereine:	u. a. FC Santos, Cosmos New York
Erfolge:	u. a. Weltmeister 1958, 1962 und 1970

In 92 Einsätzen für die brasilianische Nationalmannschaft schoss er 77 Tore. Insgesamt kommt er in seiner Karriere auf 1 281 Tore in 1 363 Spielen. Als er am 19. November 1969 in der brasilianischen Liga sein 1 000. Tor schoss, machte der Staatspräsident diesen Tag zum Feiertag und gab den Kindern schulfrei.

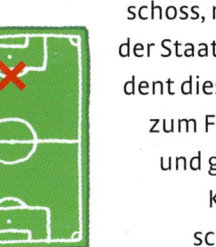

Name:	**Franz Beckenbauer**
Geb.:	11. 9. 1945
Nationalität:	deutsch
Position:	Abwehr
Rückennr.:	5
Vereine:	u. a. FC Bayern München, Hamburger SV, Cosmos New York (gemeinsam mit Pelé)
Erfolge:	u. a. Weltmeister 1974 und 1990 (als Trainer), Europameister 1972, sechsmal deutscher Meister (einmal als Trainer), viermal DFB-Pokal-Sieger

Franz Beckenbauer wird von vielen Fans und in den Medien „Kaiser Franz" genannt. Wer ihm den Spitznamen zuerst gegeben hat, ist nicht ganz klar. Aber was er bedeutet, schon: Genauso wie ein Kaiser der stärkste Herrscher eines Landes war, galt auch Franz Beckenbauer über Jahrzehnte als der stärkste Fußballer Deutschlands. Mittlerweile spielt er nicht mehr selbst, arbeitet aber trotzdem noch viel für den Fußball. Entweder als Trainer der Nationalmannschaft, als Präsident des FC Bayern oder als Chef des Organisationskomitees der WM 2006 in Deutschland.

Gerd Müller gehört zu den erfolgreichsten Torschützen, die es je in Deutschland gegeben hat. Er hält noch immer den Torschützenrekord in der Bundesliga: In der Saison 1971/1972 schoss er 40 Tore. Das hat bis jetzt kein anderer Spieler geschafft.

Name:	**Gerd Müller**
Geb.:	3. 11. 1945
Nationalität:	deutsch
Position:	Stürmer
Rückennr.:	13
Vereine:	u. a. FC Bayern München
Erfolge:	u. a. Weltmeister 1974, Europameister 1972, viermal deutscher Meister, viermal DFB-Pokal-Sieger

Auch in der Nationalmannschaft hatte er eine überragende Trefferquote. In 62 Länderspielen gelangen ihm 68 Tore. Mehr Tore als Spiele – das schaffen nur ganz wenige Spieler. Dabei sah Gerd Müller gar nicht wie ein Top-Athlet aus. Weil er ein bisschen pummelig wirkte, wurde er „kleines, dickes Müller" genannt.

Stars

Johann Cruyff war Kapitän der niederländischen Nationalmannschaft. So führte er sein Team z. B. ins Finale der WM 1974 gegen Deutschland. Alle Experten waren sich einig, dass Holland viel besseren Fußball spielte als Deutschland. Aber daran dachten die holländischen Spieler wohl auch zu oft.

Name:	**Johann Cruyff**
Geb.:	25. 4. 1947
Nationalität:	niederländisch
Position:	Mittelfeld
Rückennr.:	14
Vereine:	u. a. Ajax Amsterdam, FC Barcelona
Erfolge:	u. a. neunmal niederländischer Meister, einmal spanischer Meister

Denn ins Finale gingen sie ziemlich überheblich. Direkt nach dem Anstoß dribbelte Johan Cruyff in den deutschen Strafraum und wurde von Uli Hoeneß gefoult. Den Elfmeter verwandelte sein Mitspieler zum frühen 1 : 0. Das machte die Holländer noch sicherer, aber auch überheblicher. Die Deutschen nutzten das aus und gewannen am Ende noch mit 2 : 1. Franz Beckenbauer sagte über Cruyff: „Er ist der bessere Spieler, aber ich bin Weltmeister."

Diego Maradona ist als Spieler genauso genial wie umstritten gewesen. Er war einer der besten Techniker der Welt. Nicht nur einmal hat er es geschafft, mit dem Ball von der eigenen Hälfte über den gesamten Platz zu dribbeln und ein Tor zu schießen. Bei der WM 1986 erzielte er im Spiel gegen England ein Tor mit der Hand. Nach einer Flanke sprang er hoch und bugsierte den Ball mit der Hand ins Tor. Nach dem Spiel sagte er, dass das die „Hand Gottes" gewesen wäre. Viel schlimmer war aber sein Drogenkonsum. Immer wieder musste Diego Maradona nach dem Ende seiner Karriere ins Krankenhaus, weil er Drogen genommen hatte.

Name:	**Diego Armando Maradona**
Geb.:	30. 10. 1960
Nationalität:	argentinisch
Position:	Stürmer
Rückennr.:	10
Vereine:	u. a. Boca Juniors Buenos Aires, FC Barcelona, SSC Neapel
Erfolge:	u. a. Weltmeister 1986, UEFA-Pokal-Sieger 1989

 Lothar Matthäus ist Rekord-nationalspieler Deutschlands. Er hat genau 150 Spiele bestritten. So viele hat sonst niemand geschafft. Seine Karriere in der Bundesliga begann er bei Borussia Mönchengladbach. Im Sommer 1984 sollte er zum FC Bayern München wechseln, der Vertrag war auch schon unterschrieben.

Vorher kam für Matthäus aber noch das DFB-Pokal-Finale mit Borussia Mönchengladbach. Sie mussten ausgerechnet gegen Bayern antreten. Als es am Ende der Spielzeit 1:1 stand, entschied ein Elfmeterschießen das Spiel. Lothar Matthäus trat als Erster für Mönchengladbach an – und schoss über das Tor. Pokalsieger wurde sein neuer Verein: Bayern München.

Name:	**Lothar Matthäus**
Geb.:	21. 3. 1961
Nationalität:	deutsch
Position:	Mittelfeld
Rückennr.:	10
Vereine:	u. a. Borussia Mönchengladbach, FC Bayern München, Inter Mailand
Erfolge:	u. a. Weltmeister 1990, siebenmal deutscher Meister, italienischer Meister, zweimal UEFA-Cup-Sieger

 Oliver Kahn hat über 500 Bundesligaspiele und über 100 Spiele in der Champions League bestritten. Lange Jahre galt er als bester Torhüter der Welt. Von der FIFA wurde er deswegen dreimal als Welttorhüter des Jahres ausgezeichnet. Und bei der WM 2002 sogar als bester Spieler des Turniers. Diese Auszeichnung hatte vorher noch nie ein Torwart bekommen.

Name:	**Oliver Kahn**
Geb.:	15. 6. 1969
Nationalität:	deutsch
Position:	Torwart
Rückennr.:	1
Vereine:	Karlsruher SC, FC Bayern München
Erfolge:	u. a. Europameister 1996, achtmal deutscher Meister, sechsmal DFB-Pokal-Sieger, einmal Champions-League-Sieger

Oliver Kahn hatte viel Talent und ein gutes Gefühl für den Ball. Aber vor allem wurde er so erfolgreich, weil er mit sehr viel Ehrgeiz trainierte und während seiner Spiele immer höchst konzentriert war. Durch diese Konzentration wirkte er oft verbissen. Und das sorgte auch dafür, dass er den einen oder anderen Wutanfall im Spiel hatte. Den Dortmunder Heiko Herrlich versuchte er z. B. einmal, in den Hals zu beißen. Bei einem Spiel gegen Hansa Rostock faustete er den Ball im gegnerischen Strafraum ins Tor und bekam deshalb die Gelb-Rote Karte.

Sein erstes Spiel als Profi in der französischen Liga bestritt Zidane schon mit 16 Jahren. Es folgte eine außergewöhnliche Karriere in Italien und Spanien. Zidane führte das französische Team in seiner besten Zeit an. 1998 wurden sie Weltmeister, zwei Jahre später gewannen sie die Europameisterschaft. Im Jahr 2001 wechselte Zidane für die damalige Rekordablösesumme von 73,5 Millionen Euro zu Real Madrid. Mit Real gewann er auch die Champions League. Im Finale 2002 spielte Real gegen Bayer Leverkusen. Mit einem sensationellen Seitfallziehertor entschied Zidane das Spiel für Real.

Der Franzose war bekannt für seine spektakuläre Ballbehandlung und seine genauen Pässe. Aber auch für seine Wutanfälle war Zidane berühmt. Insgesamt sah er in seiner Karriere 15 Rote Karten. Auch in seinem allerletzten Spiel, dem Finale der WM 2006 gegen Italien, flog er nach einem Kopfstoß mit der Roten Karte vom Platz.

Name:	**Zinédine Zidane**
Geb.:	23. 6. 1972
Nationalität:	französisch
Position:	Mittelfeld
Rückennr.:	5
Vereine:	u. a. Juventus Turin, Real Madrid
Erfolge:	u. a. Weltmeister 1998, Europameister 2000, UEFA Champions League 2001

Name:	**Cristiano Ronaldo**
Geb.:	5. 2. 1985
Nationalität:	portugiesisch
Position:	Mittelfeld
Rückennr.:	9
Vereine:	u. a. Sporting Lissabon, Manchester United, Real Madrid
Erfolge:	Champions League Sieger 2008, dreimal englischer Meister

Cristiano Ronaldo gehört jetzt schon zu den größten Fußballern der Welt und wird es voraussichtlich auch in den nächsten Jahren bleiben. Der Portugiese verfügt über einen extrem harten und präzisen Schuss. Deshalb sind seine Freistöße bei den gegnerischen Mannschaften gefürchtet. Aber auch im laufenden Spiel

hat er viele Tricks auf Lager, mit denen er seine Gegenspieler austanzen kann. Im Sommer 2009 wechselte er für die unvorstellbare Summe von 93 Millionen Euro zu Real Madrid. So viel Geld wurde vorher noch nie für einen Spieler ausgegeben. Ähnlich wie die anderen Superstars hat sich auch Cristiano Ronaldo in manchen Situationen nicht unter Kontrolle. Viele Fans werfen ihm vor allem vor, häufig Freistöße durch Schwalben zu provozieren.

Name: **Michelle Akers**

Geb.: 1. 2. 1966

Nationalität: US-amerikanisch

Position: Stürmerin

Rückennr.: 10

Vereine: u. a. Tyreso Football Club, Orlando Soccer Club

Erfolge: u. a. Weltmeisterin 1991 und 1999, Olympiasiegerin 1996

1998 wurde Michelle Akers von der FIFA für ihre großen Verdienste um den Frauenfußball ausgezeichnet. Akers war nicht nur eine hervorragende Stürmerin, die über 100 Länderspieltore erzielte. Sie setzte sich auch immer für den Fußball ein und versuchte, Mädchen und junge Frauen zum Spielen zu animieren. Michelle Akers schoss das erste Tor der Frauennationalmannschaft der USA überhaupt: Im ersten offiziellen Spiel 1985 gegen Italien. Dabei hatte sie es selbst alles andere als leicht. Ihr Körper war den hohen Ansprüchen oft nicht gewachsen, immer wieder war sie verletzt. Sie litt unter einem Erschöpfungssyndrom, das ihren Körper sehr stark schwächte. Außerdem wurde sie während ihrer Karriere insgesamt zwölfmal am Knie operiert. Immer wieder kämpfte sie sich zurück, bis sie 2000 ihre bemerkenswerte Karriere beenden musste.

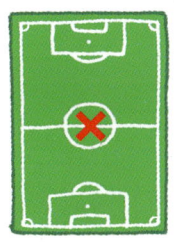 Mia Hamm hat 275 Länderspiele für die USA bestritten. Nur eine Frau hat mehr Länderspiele gespielt (die Amerikanerin Kristine Lilly), kein Mann hat so viele Länderspiele. Zum Vergleich: Lothar Matthäus, der Rekordnationalspieler Deutschlands spielte 150-mal. Dass Hamm so viele Spiele bestritten hat, ist auch kein Wunder, immerhin wurde sie schon mit 15 in die Nationalmannschaft berufen. Ihre Liebe zum Fußball entdeckte sie in Italien, wo ihr Vater einige Jahre als Soldat stationiert war. Mia Hamm hat viel Anteil daran, dass der Frauenfußball in den USA sehr beliebt ist. Viele Jahre lang war er sogar deutlich beliebter als Männerfußball. Mia Hamm war die erste Spielerin weltweit, mit der es große Marketing- und Werbekampagnen gab. Neben T-Shirts und Fußball- schuhen gab es auch eine Mia-Hamm-Barbiepuppe.

Name:	**Mia Hamm**
Geb.:	17. 3. 1972
Nationalität:	US-amerikanisch
Position:	Mittelfeld
Rückennr.:	9
Vereine:	u. a. Sporting Lissa-bon, Manchester United, Real Madrid
Erfolge:	u. a. Weltmeisterin 1991 und 1999, Olympiasiegerin 1996 und 2004

Name:	**Birgit Prinz**
Geb.:	25. 10. 1977
Nationalität:	deutsch
Position:	Stürmerin
Rückennr.:	9
Vereine:	u. a. FSV Frankfurt, 1. FFC Frankfurt
Erfolge:	u. a. Weltmeisterin 2003 und 2007, fünfmal Europameisterin, neunmal deutsche Meisterin

Birgit Prinz ist eine der erfolgreichsten Spielerinnen Deutschlands und auf der ganzen Welt. Sie hat an vier Weltmeisterschaften und vier Olympiaden teilgenommen. Von 2001 bis 2008 wurde sie jedes Jahr zur Fußballerin des Jahres in Deutschlands gewählt. Mit ihren Toren sicherte sie der Nationalmannschaft sieben große Titel und dem 1. FFC (Frauenfußballclub) Frankfurt über 20 nationale und internationale Trophäen. Birgit Prinz spielte so erfolgreich, dass der Präsident des italienischen Fußballvereins AC Perugia ihr 2003 das Angebot machte, nach Italien zu wechseln. Für ein Gehalt von einer Million Euro sollte sie dort in der ersten Liga spielen – in der ersten Liga der Herren. Das Angebot sorgte für große Schlagzeilen. Doch Birgit Prinz lehnte ab. Sie wollte lieber regelmäßig und guten Fußball spielen, anstatt in Perugia als Werbegag auf der Auswechselbank zu landen.

Marta ist eine technisch hochbegabte Spielerin, die trotz ihres jungen Alters sowohl im Vereinsfußball als auch mit der Nationalmannschaft schon einige Erfolge feiern konnte. Mit dem schwedischen Verein Umea IK gewann sie viermal die schwedische Meisterschaft und den UEFA-Pokal. Für Umea schoss sie auch das schnellste Europapokaltor in der Geschichte des Frauenfußballs. Im Finale des UEFA-Pokals 2008 gegen den 1. FFC Frankfurt beförderte sie den Ball schon elf Sekunden nach dem Anpfiff ins Tor.
Im Sommer 2009 wechselte sie in die USA und wird dort, genauso wie in der brasilianischen Nationalmannschaft, mit ihren Tricks und ihrer Technik für Erstaunen bei den Gegenspielerinnen und dem Publikum sorgen.

Name:	**Vieira da Silva Marta**, genannt Marta
Geb.:	19. 2. 1986
Nationalität:	brasilianisch
Position:	Stürmerin
Rückennr.:	10
Vereine:	u. a. Umea IK, Los Angeles Sol
Erfolge:	u. a. 2004 UEFA-Pokal-Siegerin, viermal schwedische Meisterin, dreimal Weltfußballerin des Jahres

Stollen oder Noppen?

In den offiziellen Fußballregeln ist ganz genau festgelegt, wie die Ausrüstung eines Spielers oder einer Spielerin sein muss. Notwendig sind Schuhe, Schienbeinschoner, Stutzen, eine Hose und ein Trikot. Diese Dinge musst du tragen, wenn du auf den Fußballplatz kommst. Und dann gibt es noch ein paar Sachen, die erlaubt sind, aber nicht sein müssen. Handschuhe z. B. oder Stirnbänder.

Zum Glück hat Lukas Podolski Stollenschuhe an – so hat er guten Halt auf dem Rasen.

Mach mit!

Wenn du deine Fußballschuhe liebst und noch lange mit ihnen spielen willst, musst du sie gut pflegen. Nach jedem Training oder Spiel musst du sie waschen und vielleicht manchmal sogar mit Schuhpflegemittel einschmieren.

Früher waren Fußballschuhe noch richtige Stiefel, an deren Sohlen Eisenstollen geschraubt waren.

Fußballschuhe mit vielen kleinen Stollen (sogenannte Multinoppen) bieten dir guten Halt auf Asche oder Kunstrasen.

Auf echtem Rasen ziehst du am besten Schuhe mit Stollen an. Die gibt es aus Metall oder aus Hartgummi.

Wenn ein Spieler während eines Spiels den Schuh verliert und trotzdem den Ball spielt, gibt es Freistoß für die gegnerische Mannschaft. Du musst also immer Schuhe tragen, welche Sorte ist allerdings dir überlassen. Es gibt verschiedene Fußballschuhe für verschiedene Untergründe. In der Bundesliga spielen die meisten Spieler mit Stollen unter den Sohlen. Die sind entweder aus Metall oder hartem Gummi. Weil sie ziemlich lang sind, geben sie dem Spieler auf Rasen einen guten Halt. Vor allem bei schnellen Sprints oder abrupten Richtungswechseln. Für Ascheplätze eignen sich vor allem Multinoppenschuhe. Die Noppen sind viel kürzer als die Stollen, dafür gibt es ganz viele unter der Sohle. Wenn du im Winter in der Halle Fußball spielst, brauchst du natürlich wieder ganz andere Schuhe. Hier darfst du meistens keine Stollen oder Noppen tragen, deshalb musst du richtige Hallenschuhe mit glatten Sohlen anziehen.

Das Trikot

Bei Hobbyteams oder in der Schule ist es ja meistens egal, was für Trikots oder T-Shirts die Spieler anhaben. Vielleicht teilt euch euer Lehrer einfarbige Shirts aus. Dann weiß sofort jeder, wer in welcher Mannschaft spielt. Bei offiziellen Spielen ist das alles andere als egal. Die FIFA hat genau festgelegt, wie Trikots und Hosen aussehen müssen. Alle Spieler einer Mannschaft müssen im gleichen Trikot auflaufen, auch Hosen und Stutzen müssen gleich sein. Nur der Torwart muss auf jeden Fall eine andere Farbe tragen als die Feldspieler. Dann kann jeder sofort erkennen, wer den Ball im Strafraum in die Hand nehmen darf.

In der Vergangenheit hat die Nationalmannschaft von Kamerun immer wieder für Aufsehen wegen ihrer Trikots gesorgt. Beim Afrika-Cup 2002 traten sie in ärmellosen Trikots an. Zwei Jahre später bestand ihre Spielkleidung nur aus einem Stück: Die Hose und das Trikot waren zusammengenäht. Fans und Spieler fanden die Kleidung originell, die FIFA allerdings nicht. Beide Trikots wurden verboten.

Trikots dienen nicht nur dazu, dass sich die Mannschaften unterscheiden können. Sie können auch eine wichtige Werbefläche für Sponsoren von Fußballmannschaften sein. Das entdeckte erstmals die Firma Jägermeister®, die Verbindungen zum Verein Eintracht Braunschweig hatte. Und so kam es, dass 1973 im Bundesligaspiel von Braunschweig gegen Schalke 04 das erste Mal eine Mannschaft mit einem Werbemblem auf der Brust auflief. Heute ist es ganz selbstverständlich, dass auf den Trikots Werbebotschaften angebracht sind. Für die Sponsoren lohnt sich das: Ihr Logo ist in jeder Sportsendung im Fernsehen zu sehen und alle Fans, die sich ein Trikot kaufen, machen Werbung für sie.

Schon gewusst?

Es gibt so wenige Mannschaften, die ein schwarzes Trikot haben, weil das eigentlich die Farbe für den Schiedsrichter ist. Mittlerweile ziehen aber auch viele Schiedsrichter lieber bunte Trikots an.

Manchmal werben Profimannschaften auf ihren Trikots auch für einen guten Zweck. Hier macht Hoffenheim Reklame für die Aktion „Ein Herz für Kinder".

Trikot selbst gestalten

Mach dir
dein eigenes Trikot!
Du kannst Stifte,
Aufkleber, Stoff
oder andere
Bastelmaterialien
benutzen.
Wie sieht dein
Traumtrikot aus?

Sicherheit geht vor!

*Seit einer schweren Kopfverletzung trägt der Tor-
hüter Petr Čech bei jedem Spiel einen Kopfschutz.*

Fußball macht Spaß, gar keine Frage! Aber es kann auch ein bisschen gefährlich sein. Wenn du schon einmal von einem Gegenspieler gefoult wurdest oder ein Torschuss gegen deinen Körper geprallt ist, weißt du das bestimmt. Deshalb gibt es Schutzmaßnahmen, die jeder Spieler befolgen muss.

Wenn du an einem Spiel teilnehmen willst, musst du Schienbeinschoner tragen. Das sind lange, dünne Hartgummiplatten, die von einer Stoffhülle umgeben sind. Mit Klettverschluss befestigt man sie am Schienbein. So sind deine Knochen, Muskeln und Bänder geschützt, wenn dir im Kampf um den Ball mal jemand vors Bein tritt. Seit einigen Jahren ist es verboten, Schmuck während eines Spiels zu tragen. Wenn ein Spieler z. B. einen Ohrring oder eine Kette trägt, könnte er bei einem Zweikampf an den Haaren oder der Haut eines anderen Spielers hängen bleiben. Und das könnte zu gefährlichen Verletzungen führen.

Schienbein-
schoner

Besonders wichtig ist der Schutz für Torhüter und Torhüterinnen. Sie bekommen ständig schnelle und feste Bälle auf die Hände geschossen und müssen sich nach dem Ball werfen. Deshalb tragen sie spezielle Torwarthandschuhe. Viele ziehen auch Trikots und Hosen an, in die Schutzpolster eingenäht wurden.

Egal wie gut der Schutz für die Spieler ist, es kommt immer wieder vor, dass sich Fußballspielerinnen und Fußballspieler verletzen. Aber das kann man bei fast keiner Sportart ausschließen.

Torwarthandschuhe schützen vor den schnellen Bällen.

Viele Verletzungen werden schnell vor Ort behandelt, doch dieser Spieler hier hatte Pech und muss vom Platz getragen werden.

So führst du den Ball

Wenn du ein guter Fußballer oder eine gute Fußballerin werden möchtest, ist es vor allem wichtig, dass du eine gute Ballkontrolle hast. Der Ball muss das machen, was du willst. Wenn du anfängst zu spielen, musst du dem Ball bestimmt noch häufig hinterherlaufen. Aber eine gute Ballkontrolle kann man trainieren.

Je enger der Ball an deinem Fuß ist, desto besser ist er vor dem Angriff des Gegners geschützt und desto besser kannst du zum Schuss ausholen. Du kannst den Ball entweder mit der Innenseite des Fußes mitnehmen oder mit der Außenseite. Eine dritte Variante ist, dass du ihn mit der Sohle neben dir herziehst. Dabei läufst du neben dem Ball und berührst ihn immer nur ganz leicht von oben mit der Sohle.

Je näher du am Ball bist, desto mehr kannst du ihn kontrollieren.

Mach mit!

Eine besonders schwierige, aber auch lustige Übung zur Ballkontrolle:

Teilt euch in eurer Mannschaft auf: Die eine Hälfte steht mit einem Fußball am Fuß auf der einen Seite, die anderen stehen gegenüber mit großen Gymnastikbällen. Auf ein Kommando rollen sie die Gymnastikbälle los, und die Fußballer müssen versuchen, mit dem Ball am Fuß den rollenden Hindernissen auszuweichen.

Besonders viel Spaß macht das Training der Ballkontrolle mit einem Hindernislauf. Das kannst du im Training mit Hütchen machen, aber auch zu Hause in deinem Zimmer oder auf dem Spielplatz. Such dir einfach ein paar Gegenstände, die du in einer Reihe hintereinanderlegst.

Und jetzt versuchst du mit dem Ball im Slalom durch die Hindernisse durchzulaufen. Wenn du das mit allen drei Techniken (Innenseite, Außenseite, Sohle) schaffst, hast du schon eine sehr gute Ballkontrolle.

Kampf um die „Pille"

Am besten, schnellsten und einfachsten kannst du mit deiner Mannschaft den Ball vor das gegnerische Tor bringen, indem ihr ihn euch zupasst. Aber das ist natürlich nicht immer möglich, während eines Fußballspiels musst du auch viele Zweikämpfe bestreiten. Zum Beispiel, um dir den Ball zu erobern. Dabei ist es wichtig, sich durchzusetzen, ohne ein Foul zu spielen. „Zweikampf" hört sich zwar brutal an, aber du darfst dich niemals unfair verhalten oder einen Gegner verletzen.

Als Körperkontakt ist im Zweikampf nur Schulter gegen Schulter erlaubt.

Den Gegner wegstoßen, ist ein Foul.

Bei einem Zweikampf darfst du deinen Gegenspieler oder deine Gegenspielerin nicht treten, festhalten oder wegschubsen. Sonst gibt es einen Freistoß. Aber natürlich darfst du deinen Körper einsetzen. Wenn ihr z. B. einem Ball hinterherlauft, darfst du ihn oder sie mit der Schulter gegen seine oder ihre Schulter wegdrücken. Du musst nur aufpassen, dass dein Arm am Körper angelegt ist.

Eine gute Übung für das Zwei-kampfverhalten ist der direkte Kampf um den Ball. Du stellst dich mit einem Partner vor deinen Trainer oder einen dritten Spieler. Der wirft dann den Ball über euch nach vorne und ihr lauft los. Du musst versuchen, vor deinem Partner am Ball zu sein, sich mit fairen Mitteln gegen ihn durchzusetzen und ein Tor zu schießen.

Du darfst den Ball z. B. auch mit deinem Körper abschirmen. Wenn der Ball vor dir liegt und ein Gegner kommt von hinten, kannst du dich dazwischen-stellen und ihn abblocken.

Mach mit!

Für ein gutes Zwei-kampfverhalten musst du fit und stark sein. Vor allem der Oberkörper ist wich-tig. Mach nach dem Training doch noch ein paar Liegestütze. Aber nicht zu viele! Mit Muskeltraining musst du vorsichtig sein.

Wer ist eher am Ball?

Und Schuss ...

Mach mit!

Den Pass mit der Innenseite kannst auch wunderbar alleine trainieren. Stell dich mit ein bisschen Abstand vor eine Wand und versuche, immer wieder die selbe Stelle mit dem Ball zu treffen.

Einen Fußball kann man auf ganz unterschiedliche Art und Weise schießen. Es kommt vor allem darauf an, wohin du ihn schießen willst. Möchtest du ihn einer Mitspielerin zupassen, ihn ins Tor jagen oder einen langen Torabstoß machen? Für jede Situation gibt es eine unterschiedliche Schusstechnik. In jeder Situation musst du deinen Fuß ein wenig anders halten.

Klaus Fischer war berühmt für seine Fallrückzieher.

Um den Ball über das Spielfeld zu befördern, ist das Passspiel besonders wichtig. Beim Pass kommt es darauf an, dass der, der schießt, den Ball genau und in der richtigen Geschwindigkeit zu seinem Mitspieler spielt. Und dieser Mitspieler muss aufmerksam sein, um den Ball zu sehen und ihn dann konzentriert zu stoppen. Der sicherste Pass gelingt dir mit der Innenseite deines Fußes. Du musst den Fuß leicht nach außen drehen und hast dann eine große Fläche, um den Ball optimal zu treffen.

Passe den Ball mit der Innenseite.

Mit der Innenseite kannst du den Ball zwar genau, aber nicht allzu hart schießen. Deshalb nutzt du am besten eine andere Technik, wenn du ein Tor erzielen willst. Beim Torschuss hebst du die Ferse an und senkst die Zehen. Wenn du ausholst, kannst du so den Ball mit dem Spann, also der Oberseite deines Fußes, schießen. Jetzt kannst du mit voller Kraft gegen den Ball treten.

Schieß mit dem Spann aufs Tor.

Mach mit!

Achte beim Torschusstraining auf deinen Oberkörper. Du musst ihn immer leicht über den Ball bringen, sonst geht dein Schuss weit über das Tor.

Bei diesem Schuss ist es aber schwieriger, die richtige Richtung hinzubekommen, der Torschuss erfordert also besonders viel Übung.

Nutze den Außenrist nur, wenn du gut trainiert bist.

Der bestimmt schwierigste Schuss ist der mit dem Außenrist, also der Außenseite des Fußes. Dafür brauchst du richtig viel Übung.

Der Fuß muss mit der Innenseite und dem Spann unter dem Ball sein. So fliegt er weit nach vorn.

Mach mit!

Übe mit einem Freund oder einer Freundin gleichzeitig Flanken- und Schusstraining. Leg dir fünf Bälle an eine Seite des Strafraums und flanke sie nacheinander vor das Tor. Dein Freund oder deine Freundin sollen sie direkt aus der Luft ins Tor schießen. Danach tauscht ihr die Rollen.

Willst du Flanken schlagen, einen weiten Freistoß oder einen Torabstoß schießen, musst du wiederum eine andere Technik benutzen. Jetzt machst du deinen Fuß zu einer Art Schaufel. Die vordere Innenseite und der vordere Spann müssen unter den Ball kommen. Wenn du das mit voller Wucht hinbekommst, „schaufelst" du den Ball meterweit nach vorne. Aber natürlich kommt es hier auch nicht nur auf die Kraft, sondern auch auf die Präzision an. Es bringt deinem Stürmer ja nichts, wenn du den Ball mit voller Kraft über ihn hinwegschießt.

Mach mit!

Werft euch den Ball erst einmal zu, wenn ihr Kopfbälle üben wollt. Dein Partner steht ungefähr drei Meter von dir entfernt und wirft dir den Ball zu. Du versuchst ihn direkt ins Tor zu köpfen.

Vor allem wenn der Ball sehr hoch vor das Tor fliegt, macht es Sinn, ihn nicht zu schießen, sondern zu köpfen. Einen Ball köpfst du richtig hart aufs Tor, wenn du mit dem Kopf ausholst und den Ball kräftig mit der Stirn nach vorne köpfst.

Flugkopfbälle sind sehr schwierig, du musst den richtigen Zeitpunkt zum Abspringen, die richtige Technik und das richtige Landen trainieren.

Ball annehmen

Einen Ball anzunehmen, hört sich erst mal leichter an, als es ist. Im besten Fall weiß man nämlich schon vor der Annahme, was man danach mit dem Ball machen möchte. Also ob man ihn weiter spielt, ein Dribbling ansetzt oder ihn aufs Tor schießt. Wenn man das schon weiß, weiß man auch, wie man den Ball annehmen muss.

Willst du in aller Ruhe den Ball weiterdribbeln, kannst du ihn erst einmal stoppen, um Sicherheit zu bekommen und den Ball zu kontrollieren. Wenn du den Ball direkt weiterpassen oder aufs Tor schießen willst, solltest du ihn nur ganz kurz annehmen oder sogar direkt schießen.

Je mehr und länger du Fußball spielst, desto mehr Routine bekommst du in solchen Momenten. Bald weißt du sofort, was du machen willst, wenn du den Ball bekommst.

Ballannahmen muss man ganz gezielt trainieren.

Nur sehr geübte Spieler können den Ball mit dem Oberschenkel oder dem Knie annehmen.

Wenn du einen Ball flach zugespielt bekommst, ist es die sicherste und einfachste Variante, ihn mit der Innenseite deines Fußes zu stoppen. Du darfst den Fuß aber nicht einfach nur hinhalten, dann prallt der Ball ab wie an einer Mauer und springt weit nach vorne. Gib mit dem Fuß ein kleines bisschen nach und versuche, ihn sozusagen an den Ball zu schmiegen. Erst dann stoppst du ihn. Du wirst sehen, nach ein paar Versuchen bleibt der Ball direkt vor dir liegen.

Wenn du einen hohen Ball annehmen willst, gibt es mehrere Varianten. Je nachdem, wie hoch der Ball bei dir ankommt, musst du verschiedene Körperteile benutzen. Am sichersten ist es, den Ball mit der Brust anzunehmen. Dazu lehnst du dich leicht zurück und machst mit deiner Brust sozusagen ein Tablett. Wenn der Ball von deinem Oberkörper auf den Boden fällt, musst du ihn noch einmal mit dem Fuß stoppen. Du kannst einen Pass oder eine Flanke auch mit dem Kopf oder dem Knie annehmen. Aber das bedeutet viel Geschick und Übung.

Versuche den Ball erst mit der Brust, dann mit dem Fuß zu stoppen.

Laufen, laufen und noch mehr laufen

Ein gut eingespieltes Team erkennt man daran, dass die Spieler nicht mehr viel miteinander reden müssen. Wenn du schon weißt,

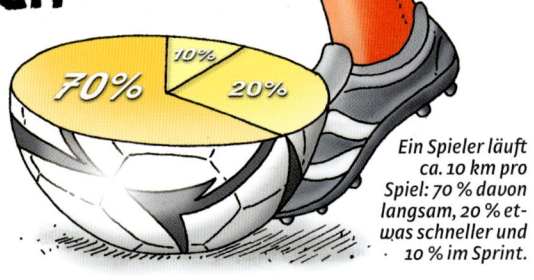

Ein Spieler läuft ca. 10 km pro Spiel: 70 % davon langsam, 20 % etwas schneller und 10 % im Sprint.

wohin dein Mitspieler als Nächstes laufen wird und wo er den Ball hinspielt, könnt ihr viel schneller und besser spielen. Stell dir vor, du spielst im rechten Mittelfeld. Wenn der rechte Verteidiger den Ball bekommt, läufst du einfach nach vorne los und dein Mitspieler passt dir den Ball in den Lauf. So schnell können die gegnerischen Abwehrspieler gar nicht reagieren. Du bist längst alleine auf dem Weg zum Tor.

Damit das funktioniert sind zwei Dinge wichtig: Zum einen müsst ihr schon länger zusammen spielen, um euch gut zu kennen, zum anderen müsst ihr Laufwege trainieren. Irgendwann versteht ihr euch dann „blind" und ihr spielt wie automatisch zusammen.

Mario Gomez zeigt an, wohin er den Ball gerne gespielt bekommen möchte.

94

Eine sehr gute Variante des Zusammenspiels ist der Doppelpass. Er ist eigentlich gar nicht schwierig, und man kann damit wunderbar gegnerische Spieler ausspielen. Um ihn zu üben, stellst du dich mit einem Partner auf. Du passt ihm den Ball zu, läufst an ihm vorbei, und er spielt den Ball zurück zu dir. Das ist der Doppelpass – einfach, oder? Wenn ihr das während eines Spiels macht, könnt ihr euch an vielen Gegnern „vorbeipassen".

Richtige und wichtige Laufwege machen Fußballer vor allem ohne Ball am Fuß. Meistens wollen sie sich in die richtige Position bringen, um den Ball zu bekommen. Das ist ja z. B. beim Doppelpass so. Manchmal geht es aber gar nicht direkt um den Ball. Du hast doch bestimmt schon Torhüter schreien hören „Raus hier! Raus hier!". Und hast du dich auch schon gefragt, warum die immer ihre Mitspieler loswerden wollen? Es geht darum, die Angreifer ins Abseits zu stellen. Wenn die Verteidiger (z. B. nach einer Ecke) schnell genug vom eigenen Tor wegrennen, stehen ganz viele Angreifer im Abseits.

 **Training**

Zug um Zug zum Sieg

Wenn mehrere Spieler ihre Laufwege abstimmen und einstudieren, wie sie sich den Ball zupassen, nennt man das einen Spielzug. Spielzüge sind schwieriger zu trainieren als einfach nur Laufwege. Aber mit den richtigen Spielzügen könnt ihr die halbe gegnerische Mannschaft hinter euch lassen und viel einfacher Tore schießen.

Der Trainer erklärt dem Auswechselspieler dessen Aufgabe im Spiel.

Spielerinnen der amerikanischen Nationalmannschaft auf der Auswechselbank. Hinter ihnen sieht man Blätter, auf die die Trainer ihre Strategien geschrieben haben.

Überlegt euch mit eurem Trainer und eurer Mannschaft, wie ihr am schnellsten und besten vor das gegnerische Tor kommt. In der Mitte vor dem Strafraum stehen alle Abwehrspieler eng zusammen. Wenn ihr da durch wollt, braucht ihr gute Dribbelkünstler. Oder ihr müsst ganz viele, kurze Pässe spielen. Einfacher ist der Weg über Außen. Spielt einem Mittelfeldspieler den Ball zu (z. B. mit einem Doppelpass), der links oder rechts außen spielt. Dieser Spieler kann dann mit dem Ball nach vorne und ein bisschen in Richtung Eckfahne laufen. Wenn er neben dem Strafraum angekommen ist, flankt er den Ball in die Mitte. Dort können die Stürmer warten und den Ball ins Tor köpfen oder schießen.

Die ersten richtigen Spielzüge wurden in Deutschland in den 1930er Jahren vom FC Schalke 04 gespielt. Die Mannschaft erfand den „Schalker Kreisel". Das bedeutete einfach nur, dass sich die Spieler stän-

Schalke 04 am 30. 6. 1929 bei einer Partie gegen Borrussia Dortmund

dig bewegten und freiliefen, damit der Spieler mit Ball mehrere Möglichkeiten hatte, den Ball zu passen. Damals war so ein Spielsystem noch neu und die Schalker konnten viele Gegner überraschen. Obwohl das System so alt ist, könnt ihr es auch heute noch nutzen, um eure Gegner auszuspielen. Ihr werdet sehen, wenn der Spieler, der den Ball hat, immer zwei oder sogar drei Möglichkeiten hat, den Ball abzuspielen, bekommt ihr ein richtig schönes und erfolgreiches Spiel hin.

Sportschau®, ran® und Co.

Im Profifußball geht es nicht nur um ein gutes Spiel, sondern auch um sehr viel Geld. Das meiste Geld bekommen die Vereine aber nicht von den Eintrittskarten der Fans oder dem Würstchenverkauf im Stadion. Die größte Einnahmequelle sind

Im Übertragungswagen werden die Bilder ausgesucht, die im Fernsehen kommen.

die Fernsehgelder. Die TV-Sender bezahlen dafür, dass sie die Fußballspiele übertragen dürfen, denn Fußball garantiert hohe Zuschauerzahlen. Weil die Sender so viel Geld an die Vereine abgeben, haben sie auch viel

Gerhard Delling und Günther Netzer gehören zu den beliebtesten Fußballkommentatoren.

Macht, was den Fußball betrifft. Wegen dieser Macht gibt es z. B. auch so viele unterschiedliche Anstoßzeiten in der Bundesliga. Für die Fernsehsender ist es attraktiv, die Spiele nicht gleichzeitig, sondern nacheinander zu zeigen. Dann bleiben die Zuschauer noch viel länger vor dem Fernseher und die Sender können insgesamt viel mehr Werbespots zeigen.

Bei Fußballübertragungen werden meistens bis zu neun Kameras eingesetzt. Sie sind auf den Tribünen, an den Trainerbänken oder an der Seitenlinie aufgebaut. Aber nicht alle Kameras sind einfach nur fest angebracht. Mittlerweile wird die neueste Technik eingesetzt. Kleine Kräne heben Kameras hinter den Toren hoch und runter. Wenn du diese Bilder siehst, hast du das Gefühl, du fliegst. An der Seitenlinie laufen Kameramänner mit speziellen Gurten entlang. Ihre Kamera ist mit diesen Gurten an ihrem Körper befestigt. Dadurch wackeln die Bilder nicht mehr und sie kommen ganz nah an die Spieler heran. Und dann gibt es noch die neuartige „Spidercam". Sie ist an Drahtseilen befestigt und fliegt wie eine Spinne hoch über dem Spielfeld. Durch diese Perspektive kannst du z. B. sehr gut erkennen, mit welcher Taktik die Mannschaften spielen.

„Spider-Cam" im Einsatz.

Fußballzeitungen und Sammelbilder

Nicht nur im Fernsehen, im Radio oder im Internet wird über Fußball berichtet. Auch die Zeitungen sind voll von Fußballthemen. Aber obwohl Fußball in Deutschland eine so große Tradition hat und es so viele Fans gibt, wird an den deutschen Kiosken keine Fußballtageszeitung verkauft. In vielen anderen Ländern gibt es eine – z. B. in Italien, Frankreich oder Spanien. Deutsche Fans müssen sich mit wöchentlichen oder sogar monatlichen Zeitschriften begnügen. Längst ist es nicht mehr so, dass auf den Sportseiten der Zeitungen und in den Fußballzeitschriften nur über die Spiele und Ergebnisse berichtet wird. Vor allem die Spieler selbst sind viel interessanter geworden. Die Fans wollen wissen, welche Autos sie fahren, mit wem sie verheiratet sind und in welche Restaurants sie gehen. Für solche Hintergrundberichte verwenden die Zeitungen viele ihrer Seiten.

Für aktuelle Ereignisse und Spielergebnisse eignet sich das Internet viel besser als Zeitungen. Hier kannst du dir Liveticker anschauen und bist viel schneller informiert.

Bestimmt hast du auch schon mal mit deinen Freunden Fußballbilder getauscht. Das ist zwar nicht ganz billig, wenn man sich das Fußballbilderalbum und die Packungen mit den Spielerbildern kauft. Aber es macht auch richtig viel Spaß, oder? Und wenn du geschickt mit deinen Freunden tauschst und dir nur ab und zu neue Bilder kaufst, reicht bestimmt auch dein Taschengeld.

Mach mit!

Du kannst dir helfen, wenn dir noch viele Spieler in deinem Sammelalbum fehlen, und du kein Geld mehr für die Klebebilder ausgeben willst. Durchforsche einfach Zeitungen nach den Spielern, die dir noch fehlen, schneide sie aus und klebe sie in das Heft.

Fußball

Fußball im Radio

Mach mit!

Heute können sich Fußballfans die Spiele live im Fernsehen anschauen oder im Internet den Spielverlauf mit einem Liveticker verfolgen. Das erste Medium, mit dem Menschen auch außerhalb des Stadions bei einem Fußballspiel dabei sein konnten, war aber das Radio. Vor fast hundert Jahren gab es die ersten Fußballübertragungen im Radio. Das war damals noch so neu und außergewöhnlich, dass sich oft die ganze Familie um ein Radio herumsetzte und der Übertragung lauschte. So erlebten z. B. viele tausend Deutsche den WM-Sieg von 1954, das „Wunder von Bern". Bestimmt hast du auch schon mal die berühmten Worte des Radioreporters Herbert Zimmermann gehört: „Aus dem Hintergrund müsste Rahn schießen, Rahn schießt – Tor, Tor, Tor!"

Günther Koch ist einer der bekanntesten Radiokommentatoren.

Obwohl man heute jedes Spiel der ersten und zweiten Bundesliga im Fernsehen anschauen kann, hören immer noch viele Menschen gerne die Radiokonferenzen aus den Stadien. Es gibt ja auch viele gute Gründe dafür: Fürs Radio muss man nicht extra bezahlen. Es macht Spaß, sich die Szenen auf dem Platz vorzustellen, weil man sie ja nicht sehen, sondern nur hören kann. Außerdem kann man beim Radiohören noch viele andere Dinge machen, die beim Fernsehen nicht gehen.

Medien im Stadion

Wenn du ins Stadion gehst, brauchst du ja eigentlich keine Medien wie Fernsehen oder Radio, weil du das Spiel ja wunderbar von deinem Platz aus sehen kannst. Es gibt aber trotzdem ein paar Informationen, die das Spiel noch viel spannender und besser verständlich machen. In der Stadionzeitung kannst du z. B. vor dem Spiel ein Interview mit deinem Lieblingsspieler lesen oder dir die Aufstellung anschauen.

Auf der Stadionleinwand werden alle Einwechslungen, Gelben und Roten Karten, die Zuschauerzahl oder Zwischenstände von anderen Spielen eingeblendet.

Schon gewusst?

Viele Bundesligamannschaften bieten einen speziellen Service für ihre blinden Fans an. Sie können sich im Stadion Kopfhörer leihen und hören dann eine eigene Radioreportage.

 Frauen

Frauenfußball – eine erfolgreiche Geschichte

Es gibt manche Fußball-fans, die behaupten, Fußball wäre Männer-sport. Das ist natürlich totaler Quatsch, Mädchen und Frauen gehen genauso ins Stadion, gucken sich Spiele im Fernsehen an oder spielen in einer Mannschaft. Es sind nur noch lang nicht so viele wie bei den Jungen und Männern. Das hat vor allem auch damit zu tun, dass Frauenfußball in Deutschland viele Jahrzehnte lang verboten war. Der DFB meinte 1955, dass Fußball zu „körper- und kampfbetont" sei und dass es nicht der „Natur der Frau" entsprechen würde. Aber immer mehr Frauen setzten sich für die Gleichberechtigung ein und dafür, dass sie Fußball spielen durften.

Schon gewusst?

Bis zur C-Jugend dürfen Mädchen und Jungen noch zusammen in einer Mannschaft spielen. Danach gibt es getrennte Ligen.

Frauenfußball 1982: Deutschland besiegt die Schweiz 5 : 1.

1970 war es dann endlich so weit und Frauen durften an ersten offiziellen Spielen teilnehmen. Es dauerte noch einmal zehn Jahre bis der DFB-Pokal gestartet wurde, und erst 1990 wurde die Frauen-Bundesliga eingeführt.

Frauenfußball-Länderspiel 2009: Deutschland gegen Brasilien 1 : 1.

Die Bundesligen der Männer und der Frauen unterscheiden sich natürlich ganz enorm. Zu den Spielen der Männer kommen im Durchschnitt 40 000 Zuschauer, bei den Frauen sind es nur ungefähr 1000. Weil sich mehr Menschen für ihre Spiele interessieren, verdienen Fußballspieler auch sehr viel mehr Geld als Fußballspielerinnen. Aber die Unterschiede werden langsam immer kleiner. Vor allem, weil die Frauennationalmannschaft so erfolgreich ist. Seit vielen Jahren schon gehört sie zu den besten Mannschaften der Welt.

Schon gewusst?

Bibiana Steinhaus ist die erste Frau, die als Schiedsrichterin in die zweite Herrenbundesliga gekommen ist. Seit 2007 pfeift sie dort Spiele.

Seit vielen Jahren ist Birgit Prinz die Spielführerin der deutschen Nationalmannschaft.

Schon ihr erstes Spiel 1982 gewann sie mit 5:1 gegen die Schweiz. Seitdem ist die Nationalmannschaft zweimal Weltmeister geworden und hat dreimal die bronzene Medaille bei den Olympischen Spielen gewonnen. Bei acht Teilnahmen an Europameisterschaften konnte Deutschland siebenmal gewinnen. Eine solche Erfolgsquote kann keine Männermannschaft aufweisen.

Ein ganz besonderes Ereignis für alle Fußballfans findet 2011 statt. Dann nämlich findet die Frauen-WM in Deutschland statt. Die Organisatoren hoffen, dass es in Deutschland wieder ähnlich viele Feiern und Partys geben wird wie 2006 bei der WM der Männer. In neun Stadien werden die Spiele stattfinden. In Berlin, Augsburg, Dresden, Bochum, Sinsheim, Mönchengladbach,

Wolfsburg, Leverkusen. Und in Frankfurt wird am 17. Juli 2011 das Finale der WM angepfiffen. Die deutsche Mannschaft geht auch in dieses Turnier wieder als Favorit auf den Sieg.

Frauenfußball weltweit

*In manchen islamischen Ländern spielen Frauen mit Kopf-
tüchern.*

Als im 19. Jahr-
hundert in England die
ersten Fußballregeln
festgeschrieben wurden,
bildeten sich nicht nur
Männer- sondern auch
Frauenmannschaften. Es
gab nicht so viele wie bei
den Herren und sie spiel-
ten wenige offizielle Spiele
aus. Aber viele Mädchen
und Frauen interessierten
sich für den Fußball. Dann aber wurde er, wie auch
in Deutschland, verboten. Das passierte in vielen Ländern.

Überall auf der Welt
wurde Frauenfußball
erst seit den 1970er
und 1980er Jahren
wieder erlaubt und
verbreitet.
Es gibt aber auch
heute noch Länder,
in denen Frauen ver-
boten wird, Fußball zu
spielen. Zum Beispiel
in Saudi-Arabien.

*Erst seit wenigen Jahren gibt es Frauen, die richtige Fußballprofis
sind.*

Die erfolgreichsten Länder im Frauenfußball sind neben Deutsch-
land Schweden und die USA. In Schweden heißt die erste Frauenliga
Damallsvenskan. Sie wurde 1988 gegründet und gilt als zweitstärkste
Liga neben der deutschen Frauenbundesliga. Hier spielen viele internationale Stars. Jahrelang schnürte die Brasilianerin Marta für Umea IK
die Fußballschuhe. Der Klub wurde siebenmal schwedischer Meister
und konnte schon zweimal den UEFA-Cup der Frauen gewinnen. Auch
bei den Zuschauerzahlen liegt er in Europa ganz weit vorne. Die meisten
Menschen, die sich für Frauenfußball interessieren, gibt es allerdings in
den USA. Hier war Frauenfußball über viele Jahrzehnte hinweg beliebter
als Männerfußball. Fast die Hälfte der Mitglieder im amerikanischen
Fußballverband sind Mädchen und Frauen. Ist doch klar, dass die
Nationalmannschaft dann auch zu den besten der Welt gehört.

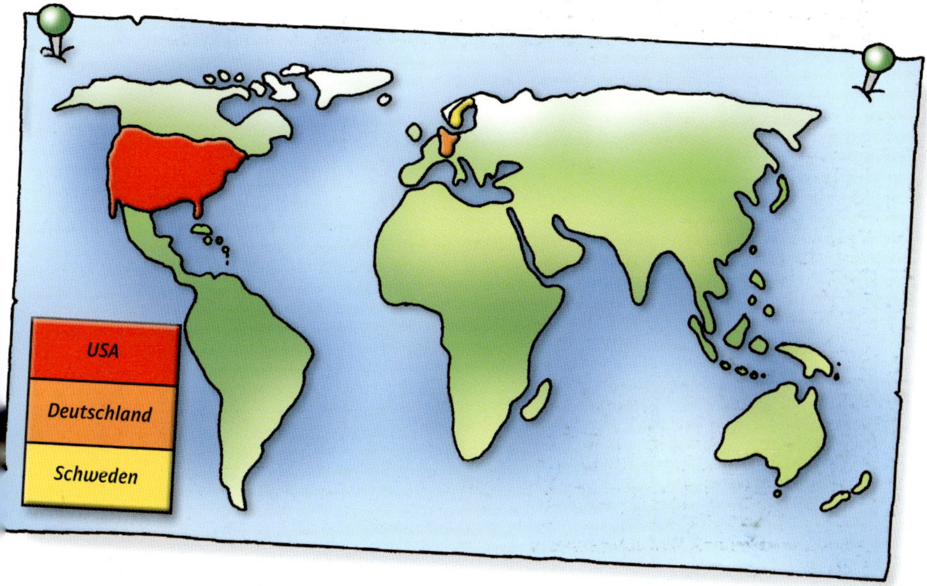

Die fünf größten Stadien der Welt

Name:	**May Day Stadium**
Stadt:	Pjöngjang
Land:	Nordkorea
Zuschauer:	150 000
Eröffnet:	1989
Fußball-verein:	Nordkoreanische Nationalmannschaft
Andere Sportarten:	Gymnastik, Kunst-turnen, Wrestling

Die Regierung in Nordkorea nutzt Sport-stadien auch häufig für militärische Paraden.

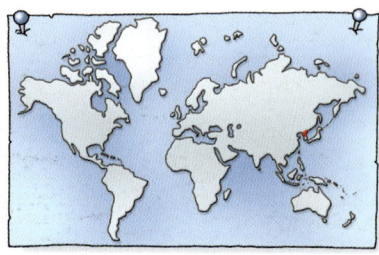

Name:	**Salt Lake Stadium**
Stadt:	Kalkutta
Land:	Indien
Zuschauer:	120 000
Eröffnet:	1984
Fußball-verein:	Mohammedan Sporting Club
Andere Sportarten:	Leichtathletik

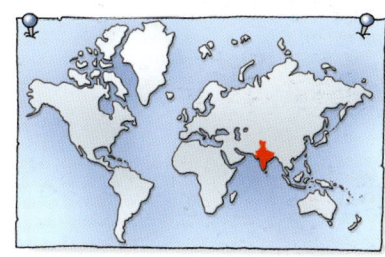

Indien hat über eine Milliarde Einwohner. Die beliebtesten Sportarten sind Cricket und Hockey.

Stadien

Im Norden Mexikos sind Baseball und Basketball beliebter als Fußball. Das liegt wahrscheinlich an der Nähe zu den USA.

Name:	**Azteken-Stadion**
Stadt:	Mexiko-Stadt
Land:	Mexiko
Zuschauer:	105 000
Eröffnet:	1966
Fußball-verein:	Club America
Andere Sportarten:	Football

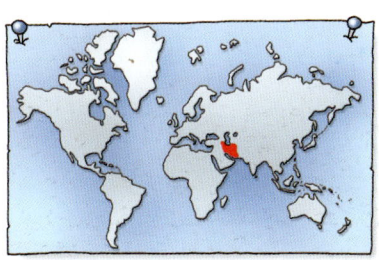Traditionelle iranische Sportarten sind Ringen oder Leichtathletik. Aber mittlerweile ist auch Fußball immer bedeutender geworden.

Name:	**Azadi-Stadion**
Stadt:	Teheran
Land:	Iran
Zuschauer:	100 000
Eröffnet:	1971
Fußball-verein:	Iranische National-mannschaft
Andere Sportarten:	Leichtathletik

113

Neben den Fußballmann-
schaften hat der FC Barcelona
unter anderem eine Handball-
und eine Basketballabteilung,
die sehr erfolgreich sind.

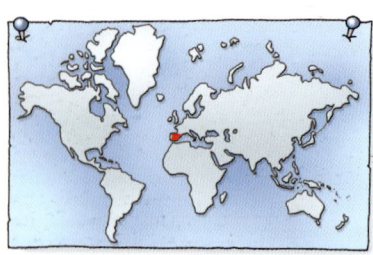

Name:	**Camp Nou**
Stadt:	Barcelona
Land:	Spanien
Zuschauer:	99 000
Eröffnet:	1957
Fußball-verein:	FC Barcelona
Andere Sportarten:	keine

Das höchstgelegene Stadion der Welt

Mit seinen 8 000 Zuschauerplätzen schafft es das Estadio Daniel A. Carrion bei Weitem nicht in die Rekordlisten der größten Stadien. Dafür ist es das Fußballstadion, das weltweit am höchsten liegt. Es ist auf 4 380 Metern mitten in die peruanische Stadt Cerro de Pasco gebaut. Fußballmannschaften, die hier ihre Auswärtsspiele bestreiten müssen, haben es besonders schwer. In einer solchen Höhe enthält die Luft nicht mehr viel Sauerstoff. Wenn man das nicht gewöhnt ist, kann Sporttreiben dort richtig zur Qual werden. Auch in anderen Ländern in Südamerika gibt es viele hochgelegene Stadien. Manche Mannschaften absolvieren ein spezielles Höhentraining, bevor sie dort hinfahren.

Mit speziellen Trainingsmethoden kann man sich auf Spiele in großer Höhe vorbereiten.

115

Trendsportart Fußball

Fußball ist eine alte, traditionsreiche Sportart. Er kann aber auch neu und trendig sein. Zum Beispiel, wenn er auf Sand gespielt wird. Oder in einer Halle. Oder mit einem ganz außergewöhnlichen Ball. Dann wird Fußball zu einer Trendsportart.

Zinédine Zidane spielt in seiner Freizeit gerne Futsal.

Im Winter geht ihr mit eurer Mannschaft doch bestimmt in eine Sporthalle, um zu trainieren. Oder ihr spielt Hallenturniere. Dann kann es sein, dass du dich bald ein bisschen umstellen musst. Der DFB plant nämlich, dass bald der Hallenfußball durch eine neue Art von Fußball, dem Futsal, abgelöst wird. Der Begriff Futsal ist aus dem Portugiesischen abgeleitet und steht für *futebol de salão*, also Hallenfußball.

Bei diesem Hallenfußball gibt es einige spezifische Regeln. Es gibt keine Banden, sondern normale Außenlinien wie auch draußen auf dem Feld. Der Ball wird allerdings nicht eingeworfen, sondern eingeschossen. Dieser Ball ist auch anders als ein klassischer Fußball: Er ist kleiner und schwerer. Und er hüpft nicht richtig. Dadurch ist es etwas einfacher, ihn am Fuß zu führen und tolle Tricks mit ihm zu

Mach mit!

Eine tolle Variante für Fußball in der Halle oder vielleicht in eurem Garten ist Fußballtennis. Dafür braucht ihr nur ein paar Gegenstände als Netz (z. B. Wasserkästen oder ein Badmintonnetz), und dann spielt ihr euch den Ball mit dem Fuß oder dem Kopf über das Netz zu. Du musst versuchen, den Ball ins Feld deines Gegners zu spielen. Kriegt der den Ball nicht, bekommst du einen Punkt.

machen. Futsal ist nämlich viel trickreicher und schneller als klassischer Hallenfußball. Das kommt auch daher, dass es viel weniger Fouls gibt. Grätschen und richtiger Körpereinsatz sind nämlich verboten. Und wenn eine Mannschaft fünf Fouls begangen hat, bekommt die gegnerische Mannschaft einen Strafstoß, egal, wo das Foul war. Du kannst dich also auf Futsal freuen, der Hallenfußball wird dadurch viel attraktiver.

Futsal wird ohne Bande gespielt. Geht der Ball ins Aus, wird er eingeschossen.

In vielen anderen Ländern ist Beachsoccer sehr bekannt und beliebt. Er wird auf Sand und deshalb oft direkt am Meer gespielt. In Deutschland gibt es nicht so viele Beachsoccerteams, weil es hier ja einfach nicht so viele Strände gibt, an denen lange Zeit im Jahr schönes Wetter herrscht. Das ist z. B. in Brasilien anders. An Brasiliens Stränden finden viele Beachsoccerspiele und -turniere statt. Mittlerweile gibt es sogar eine eigene Beachsoccerweltmeisterschaft. Auf Sand Fußball zu spielen, ist besonders schwer, weil es so anstrengend ist.

Dribbeln funktioniert beim Beachsoccer fast gar nicht, weil der Ball immer wegspringt.

Versuche im Urlaub mal zehn Minuten lang am Strand in tiefem Sand zu laufen. Du wirst merken, dass du danach ganz schön schwere Beine hast. Aber Beachsoccer ist auch oft spektakulär. Das liegt zum einen am Ball, der leichter ist als ein normaler Fußball. Außerdem kann man sich auf Sand einfach nicht so schnell verletzen, deshalb riskieren die Spieler z. B. viel häufiger Fallrückzieher.

Futsal- und Beachsoccerbälle unterscheiden sich zwar von normalen Fußbällen. Aber sie sind ihnen doch relativ ähnlich. Bei Federfußbällen und Hacky Sacks ist das anders. Federfußbälle haben tatsächlich an

Federfußball ist actionreich und spektakulär.

der einen Seite Federn, die in eine kleine runde Hartgummiplatte gesteckt sind. Diesen Ball spielt man sich mit dem Fuß über ein Badmintonnetz zu. Mit dem Hacky Sack kannst du kleine Tricks üben. Der Ball ist noch kleiner als ein Tennisball, hat eine Hülle aus Stoff und ist mit hartem Reis und Plastikkügelchen gefüllt. Er lässt sich besonders gut jonglieren. Wenn du ein bisschen übst, kannst du ja vielleicht bald tolle Kunststücke damit vollführen.

Mach mit!

Wenn du wissen möchtest, wie man mit einem Federfußball oder einem Hacky Sack spielt, schau doch mal im Internet nach. Dort gibt es viele tolle Videos, die echte Ballartisten von sich gemacht haben.

Fußball an außergewöhnlichen Orten

Wie lang brauchst du bis zu deinem Fußballplatz? Und kannst du dahin mit dem Fahrrad fahren oder wirst du von deinen Eltern mit dem Auto gebracht? Wahrscheinlich brauchst du aber in jedem Fall nicht viel länger als 20 Minuten. Es gibt Spieler, bei denen ist das anders. Zum Beispiel bei Mannschaften von Nord- oder Ostseeinseln. Die Spieler des FC Usedom brauchen für die Fahrt zu ihren Auswärtsspielen sehr viel länger als 20 Minuten. Diese Fahrten müssen sie nämlich mit dem Schiff erledigen. Und natürlich müssen die Mannschaften vom Festland auch immer mit dem Schiff zu ihnen fahren. Dafür herrscht auf der Insel aber eine ganz besondere Fußballatmosphäre. Die Auswechselbänke z. B. bestehen nämlich aus Strandkörben.

Zur Europameisterschaft 2008 gab es ein einmaliges Spiel zwischen Deutschland und Österreich – unter Wasser. Drei österreichische Apnoe-Taucher (also ohne Tauchgerät) lieferten sich mit drei deutschen Spielern ein spannendes Spiel im Waldbad Penzing. Österreich siegte mit 10 : 5.

Eine besondere Atmosphäre herrscht auch beim Blindenfußball. In vielen Städten wird seit einigen Jahren eine Fußballliga für Blinde ausgespielt. Damit die Spieler wissen, wo der Ball ist, ist er mit einer kleinen Rassel gefüllt. Im Spiel orientieren sich die Fußballer an dem Geräusch. Für jede Mannschaft stehen neben den Toren Helfer, die sehen können und ihren Mannschaften Kommandos geben können. Damit sich niemand verletzt, tragen die Spieler spezielle Schutzkleidung.

Die Fans vom FC Schalke 04, dem FC St. Pauli und dem Hamburger SV können eine ganz besonders enge Beziehung zu ihren Vereinen aufbauen. Alle Vereine bieten ihren Fans einen außergewöhnlichen Service an. Im Stadion von Schalke gibt es eine kleine Kapelle, in der Fans heiraten können. Der FC St. Pauli hat einen eigenen Kindergarten für die ganz kleinen Fußballfans. Und in der Nähe des Stadions vom Hamburger SV gibt es sogar einen eigenen Friedhof für die HSV-Fans.

Register

Schnelle Suche mit Stichwörtern

Register

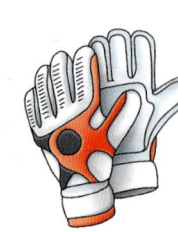

Der Autor

Der Autor Jonas Kozinowski, geb. 1984, ist Medien-
wissenschaftler und arbeitet als Journalist für Fern-
sehproduktionen, Internetplattformen und Verlage.
Für verschiedene Fernsehsender hat er hinter und
neben der Kamera sowohl Amateurfußballer als auch
Bundesligaspieler begleitet. Im Kosmos-Verlag hat
er die *Kosmos Kinder-Uni Fußball* und *Geolino Fußball – Taktik, Training,
Tore* veröffentlicht. Zum Fußball hegt er seit seiner Kindheit eine besonders enge Verbindung – als Schiedsrichter, Jugendtrainer, Hobby-
spieler oder Fan im Stadion.

Profi-Wissen für die Halbzeitpause

www.kosmos.de

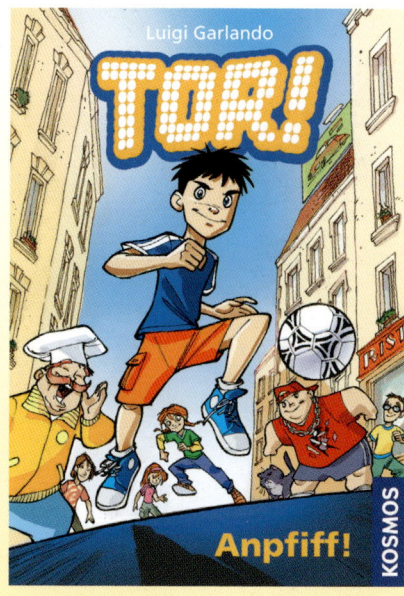

Luigi Garlando
Tor!
1 Anpfiff!
ISBN 978-3-440-11601-2

Tommi ist ein großes Fußballtalent, das erkennt der ehemalige Fußballnationalspieler Gaston Champignon sofort. Mit Gaston als Trainer gründen die beiden eine Fußballmannschaft, bei der Freundschaft und Spaß am Spiel im Vordergrund stehen. Doch bald müssen Tommi und seine Freunde zeigen, dass sie auch fußballerisch wirklich was auf dem Kasten haben ...

Mit coolen Comics!

Ab 8 Jahren
Jeder Band €/D 8,95
Preisänderung vorbehalten

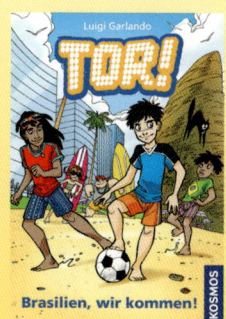

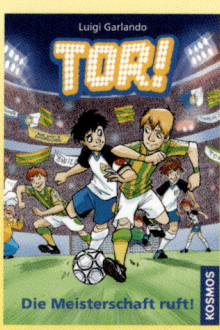

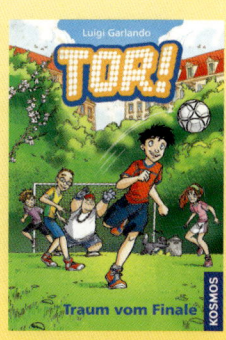

2 Brasilien, wir kommen!
978-3-440-11602-9

3 Die Meisterschaft ruft!
978-3-440-11895-5

4 Traum vom Finale
978-3-440-11896-2

www.kosmos.de

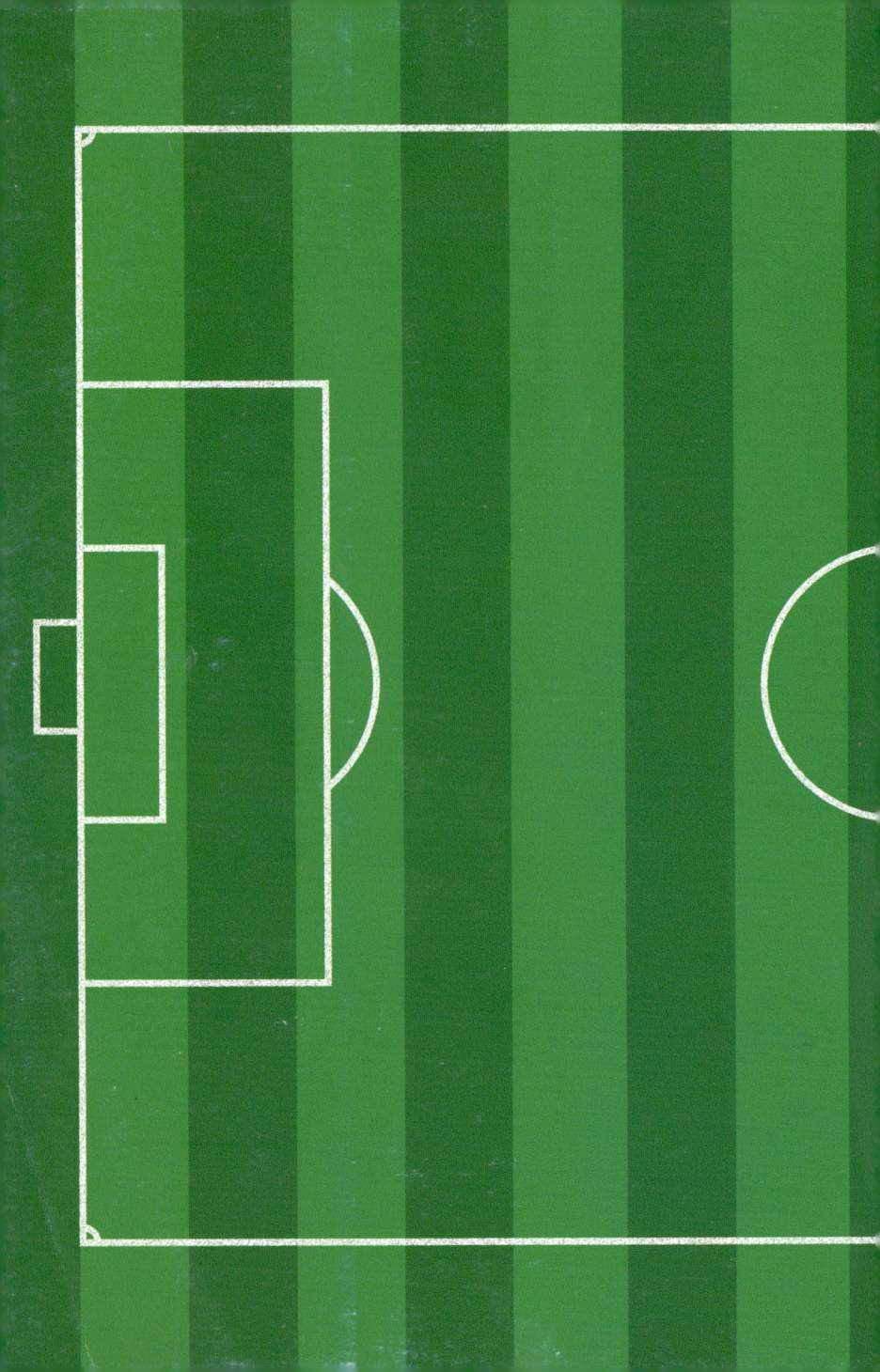